U0143004

職業教育與訓練

張添洲　編著

五南圖書出版公司 印行

序 言

　　本書係依據104年通過「技術及職業教育法」第24條規定：高級中等以下學校師資職前教育課程應將職業教育與訓練、生涯規劃相關科目列為必修學分。自106學年度以後錄取的師資生須修習〈職業教育與訓練〉科目與〈生涯規劃〉兩門課程而編著。職業教育訓練課程旨在培養國人正確職業觀念，落實技職教育務實致用特色，建立正確之職業價值觀，培育各行業人才。

　　本書含括技術及職業教育概論、職業教育訓練、技術型高中群科、技職教育行政體系、課程發展、職業教育與訓練、技能檢定與職業證照等七章。技術職業教育肩負培育優質技術人才使命，不僅是專門知識之傳遞，更應以「從做中學」及「務實致用」作為技職教育之定位，且以「實務教學」及「實作與創新能力培養」作為核心價值，俾以經由技職教育訓練培養具備實務與創新能力之優質人才，成為帶動產業發展及提升產業研發與創新之重要支柱；職業訓練目的在培養國家建設所需要的技術人力，提升各行各業技能水準，增進國民就業能力，促進國民的充分就業，對於產業的升級及經濟發展助益良多。兩者具相輔相成、相映成輝之功效。

　　面對全球社會、經濟、人口結構、環境及科技之變遷與挑戰，未來產業發展之關鍵能力與人才需求，技職教育所培養之人才，除須具備產業所需之專業技術實作能力外，為符應新興產業之發展，甚至創造出未知產業與商機，各級技術人才亦必須持續接受教育與訓練，提升創新思考與實踐及跨領域整合能力，俾以適應不同產業、行業之興革發展，成為國家經濟發展、社會融合及技術傳承與產業創新之重要推力。

目 錄

第一章　技術及職業教育概論

　　教育是百年樹人的大計，為社會發展的原動力，是主導經濟、政治、科學、社會、文化、國防等整體發展的根基。其成敗影響國家民族的盛衰。技術職業教育（簡稱技職教育，Technological and Vocational Education）旨在協助學生探索職業性向及興趣發展，傳授職業智能與培養職業道德。

第一節　技職教育發展

　　我國早期的技職教育是以師徒相傳為主，政府所設的專門學校主要目的是培養技術官吏。清同治年間，由於鴉片戰爭失敗，清廷才開始設置技職學校，也奠定了技職教育的根基。

　　民國成立，技職教育仍延續清廷教育的體制，直至民國6年才逐步推展職業教育。中央政府遷臺，對日據時期之技職教育加以調整，並對技職教育之類別、課程、教學、設備等積極改進，技職教育遂成為我國培育技術人才之搖籃。

一、技職教育內涵

　　以科技大學（簡稱科大）及技術學院（簡稱技院）為主的高等職業教育，係以研究發展高深科技及培育高級專業人才為目標；專科學校（簡稱專校）則以培育專門實務之專業人才為主，是以專科教育之特色在於培育實務導向之中級專業人才，高級技術中學（高級職業學校，簡稱高職）則以培育基層技術人才為主。

(一)技職教育定義
1. 廣義技職教育：泛指技職覺察與試探（awareness and exploration）教育、技職準備（preparation）教育和技職進修（further）教育。
2. 狹義技職教育：專指技職準備和進修教育，聚焦在技職準備教育。

(二)技職教育學制

我國技職學校分為三級五類。三級學校主要目標在分別培育基層、中級和高級技術、服務與管理人才。

1. 高級職業學校（高職）：包括日間部、夜間部、建教合作班、實用技能班、特殊教育實驗班及進修部等。職校畢業生可升讀四年制技大（四技）、二年制專校（二專）等四技二專學制，二專畢業後可取得副學士學位，四技畢業後可取得學士學位。

2. 專科學校（專校）：分為二年制及五年制兩種，二專同時設有日間部及夜間部。專校畢業生主要報考二技，畢業後取得學士學位。

3. 技術學院與科技大學（技院或科大）：和專科學校合稱技專校院。包括學士班、碩士班、博士班及在職專班。

除上述三級五類學制外，技職教育體系尚包含國民中學技藝教育方案（旨在提供國中生試探職業性向與培養興趣）、普通高中附設職業類科和綜合高中的專門學程、一般大學校院開設之技術類院、系、所、組。

二、技職教育發展

技職教育即是培育職業技術專業人才的教育，不僅是延伸著普通教育，更補足了普通教育的不足，使學生除了普通教育之外，更有其他進路的選擇與發展。可以因為技職教育學得一技之長，不但造福了青年學子，也為國家培育發掘技術專業人才。

臺灣早期技職教育以職業學校為主，專科學校為輔；職業學校包括初級及高級職業學校。民國57年實施九年國民教育後，停辦初級職業學校，大力發展高級職業學校，並積極擴增專科學校；專科學校包括五年制招收國中畢業生，三年制招收高中畢業生，二年制招收高職畢業生等三種；80年代逐漸停辦三年制專科，改制為技術學院，奠定技職教育連貫體系。主要發展如下（張添洲，2000）：

(一)光復至民國40年

臺灣光復初期有實業學校二十六所及各種實業補習學校九十所，招收國小畢業生，修業二至三年，另有專科學校三所，招收日人為主。光復後建立三三制初級職業學校，招收國小畢業生，及高級職業學校，招收初中職校畢業生。

(二)民國41至52年

民國41年，首次公布各職業學校課程暫行標準，舉行工業教育視察，職業學校學生數逐漸穩定成長，其中，高職商業類科及農業類科增加最為快速。

為考慮到經濟建設計畫及發展工業的需求，積極推展工業職業教育，一方面利用美元資金充實工業職業學校的設備，並鼓勵部分農業職校增設工科，同時積極調整工科的課程，42年試行單位行業課程，於臺灣師大開設工業教育系，培育具有實務經驗的學校工場師資，為往後工業職業學校的發展奠定良好基礎；46年各職業學校設立，技藝教育推廣中心。

(三)民國53至62年

因於持續的經濟建設發展計畫執行成功，40年代的經濟發展穩定成長，產業與就業結構逐漸轉變，技職教育也跟著調整。民國53年公布實施各職類職業學校課程標準，高職擴張迅速，尤其以高工的變化最為明顯。此時期專科學校大量核准設立，發展迅速。

此時期為配合經濟建設的需要，57年經合會擬定「人力發展計畫修訂草案」時，計畫將高中與高職五專入學人數的比例由56學年度的5.1:4.9調整至66學年度的4:6，於61年的「第四期人力發展計畫草案」確定於70學年度時為3:7。因此，職業及專科學校乃成為國中畢業生升學的主流，對於經建發展中的技術人力資源供應，貢獻良多。

初級職業學校及五年制職業學校於此時期發展甚為緩慢，直至57年實施九年國民教育後，全面停辦；縣立職業學校改為省立學校；教育部設立專業職業司，積極辦理職業教育；58年省立沙鹿高工（臺中市立沙鹿高

工）試辦輪調式建教合作班；60年省立三重高工（新北市立三重高工）辦理階梯式建教合作班，開啓與產業界合作之建教合作方案。

(四)民國63至72年

此時期不論職校或專科學校，學生人數仍然急速增加，以工業類科最為快速，正符合就業人力的需求。民國63年陸續公布職業學校及專科學校的課程標準，64年起逐漸辦理專科學校的評鑑，作為核定調整科班及補助經費的重要參考依據，對於提升專科學校的品質大有助益。

配合經濟建設持續發展，技術人力需求層次有待提高，且職業及專科學校學生數增加迅速，於63年首創臺灣工業技術學院，68年增設碩士班，72年開設博士班；臺灣師範大學於63年起招收工業教育碩士班；63年起辦理職校生技能檢定；65年修訂公布「職業學校法」，確定職業學校教育宗旨在於教授職業青年技能，培養職業道德，養成健全基層技術人員。

68年起共分三期，進行工業職業教育改進計畫，時間共達十一年，使用經費高達50億元，提升工職教育水準；專科學校則自67年起，編列專款補助私立學校購置重要的儀器設備，補助金額年年有增加，對於專科學校的教育品質大為提升。

71年於省立海山高工、桃園農工、臺中高工、嘉義高工、臺南高工等校試辦能力本位教學；臺灣師範大學設立工藝系；72學年起招收延教班學生；72學年度有高職學生404,594人，其中高工學生為201,741人，高中學生190,214人，專科學校學生為216,165人。

(五)民國73至79年

民國68年起執行工業職業教育改進計畫，改善傳統的單位行業課程，引用美國群集課程之精神以擴增職業學校學生的學習廣度，奠定良好的學科基礎，期能適應未來變遷快速的社會，於是重新修訂職業學校課程標準，於75年公布工職課程標準，其他類科陸續公布實施，並於89學年度修訂職業學校課程。

專科學校的課程，配合科技的進步及因應社會的多元變遷需求，於70

年起陸續修訂各類科的課程標準，於72年起陸續公布實施，並於77年底又進行全面修訂課程標準，以增大學校自訂課程的彈性，保留40%學分供學校自行規劃。

78年彰化教育學院改為彰化師範大學，開設工業教育碩士班。技術學院部分，77年海洋大學附設航海及輪機技術系二年制各一班，招收專科畢業生；80學年度起將屏東農專改設為屏東技術學院；新設雲林技術學院，並積極輔導三年制專科學校改制為技術學院。新設高雄技術學院及朝陽技術學院等，擴展技職教育體系發展空間，因應技術升級及教育機會均等的呼籲。

自72學年度起於高職開設以實務學習為主的年段式課程，鼓勵未升學、未就業的國中畢業生就讀，學習一技之長，每讀完一年段，即可取得修業證書，修業三年通過資格考驗就可獲得高職學歷證明。為落實此項政策，教育部於82學年起實施「發展與改進國中技藝教育班方案──邁向十年國教目標」，結合地區職業學校與國民中學合作，利用職業學校的設備、師資等，改善國中的技藝教育課程，以加強國三學生有新學習技藝、暫不升學者，學習技藝教育課程，並與延教班課程互相銜接，學習一技之長以服務因應產業發展及職場技能之快速變遷，單位行業訓練課程於民國75年改採群集課程，將高職課程劃分為甲、乙兩類，甲類偏重群集階梯式課程，乙類則維持單位行業式課程。

(六)民國79年迄今

陸續辦理課程改革，80年代推動綜合高中強化試探工作，區分學術與專門學程；民國89年公布實施的高職課程，則分工業、商業、家事、農業、海事水產、護理、藝術等7類70科，並分別訂定各類科課程標準。

民國84年後推動廣設大學的政策，並鼓勵五專改制為技術學院或科技大學，廣開升學大門。民國95年實施職業學校群科課程暫行綱要，將高職依專業屬性分成15群，並訂定群核心課程。民國99年公布之職業學校群科課程綱要，則根據95年課程暫綱加以微調，以群科能力指標為指引。

90年代辦理高職優質化、社區化、技職再造方案、業師協助教學、改

善教學設施、推動免試入學、特色類科免試招生、配合十二年國民教育推動新課綱等。

　　各年代技職教育發展及高中職學生比例，與經濟發展之關係如下表：

年代	經濟建設重點	技職教育發展情形	高職：高中學生比例
40	土地改革成功 農業生產提高 發展勞力密集民生工業	農業、商業為核心教育 重視高級職業學校	4:6
50	拓展對外貿易	發展工業、商業職業教育 實施九年國民義務教育 擴增職業教育類科與數量 開辦五專、二專教育	4:6
60	進行十大建設 發展資本、技術密集工業	改進工業職業及專科教育 創設技術學院	6:4
70	發展高科技產業 發展石化工業	全面提升工業職業及專科教育之質與量	7:3
80	發展知識經濟產業 籌設亞太營運中心	開辦綜合高中 增設技術學院 績優專科學校改制技術學院 績優技術學院改名科技大學	5:5
90	發展兩兆雙星產業	全面發展技職教育 技職教育國際化	5:5
100	推廣六大新興產業、十大服務業、四大智慧型產業	應企業人才需求與學生性向發展，務求適才適性	5.5:4.5

第二節　技職教育革新

一、臺灣技職教育特色

　　技職教育的發展對於臺灣經濟發展的歷程扮演相當重要的角色，和臺灣地區的經濟一同成長和調整，達到相輔相成的境地。主要特色（教育部，2016）：

　　臺灣技職教育從國民中學、高級職校、專科學校、技術學院及科技大學到研究所碩博士班的完整體系，學制間注重縱向銜接與橫向的彈性轉軌，且與回流教育管道相互暢通。就讀技職體系學生數，約占國中學生程度以上之在校生的半數，形成臺灣技職教育有別於世界各國的最大特色（張添洲，2000；教育部，2013）。

(一)私人積極辦學

　　私人辦學是臺灣技職教育體系發展的重要力量，私立學校占技職校院中的多數。以學生數而言，高職私立約占63.58%，技專校院高達80.67%。

(二)學制類科多元適性

　　技職教育以多元的學制與多樣的類科，因應企業界不同的人才需求與學生不同的性向發展，務求適才適性。臺灣技職教育體系有高職、高中附設職業類科、綜合高中專門學程、專科學校、技術學院及科技大學（含研究所）外，還包括國中技藝教育、高職實用技能學程與建教合作班，及高等教育階段的進修部、在職專班與進修學校等，學制多元而靈活。各級學校所開設類科，除傳統農業、工業、商業、家事類外，更與新興產業、服務業、智慧型產業緊密契合，可充分滿足學生就業之需要。

(三)產學合作效能卓著

技職體系強調產學合作，注重學生的養成教育與業界之需求配合，推動「建教合作、產業界體驗、業師協同教學、產業界實習、最後一哩路、雙軌訓練旗鑑計畫、產學攜手合作」等專案計畫，使學生畢業後能立即就業，亦積極推動產業園區產學合作等多項計畫，鼓勵教師與企業界配合，進行研發創新，達到教學務實與提高產業競爭力的雙贏效果。成立區域產學合作中心及聯合技術發展中心，並將研發成果導入教學。

(四)辦學成效務實致用

技職教育首重務實致用精神，入學管道有技優入學及甄選入學、免試入學等多元管道，鼓勵具有技術優勢的學生進修；入學考試科目也以實務的專業科目為主，課程設計強調專題製作及實務學習，並鼓勵學生獲取專業證照。在教師方面，亦強調實務經驗及專業證照，並依據專長或技術受聘擔任專技教師，鼓勵教師以技術報告送審升等，以落實務實致用之理念。

(五)國際競賽成果豐碩

技職學校的特色為「從做中學」，透過實作增加學習成效並累積經驗，理論與實務並重。民國94年起，擴大推動技專校院學生參加國際技藝能競賽，補助技專校院學生出國機票費用，以鼓勵技專校院師生踴躍參與國際性技藝能競賽。近年來，技專校院學生參與世界各大國際發明展及設計類競賽表現亮眼，使得臺灣年輕學生的設計力，受到了國際矚目。

(六)妥善照顧弱勢學生

1. 高職免學費措施：為減輕家長經濟負擔，推動高職免學費政策後，全面實施「高中職校免學費措施」（含五專前三年），凡就讀高職及五專前三年學生，家戶年所得在114萬元以下者，學費由政府補助。

2. 大專校院弱勢學生助學計畫：為協助弱勢學生順利就學，開辦大

專校院共同助學措施，大專校院弱勢學生助學計畫。實施措施包含助學金、生活助學金、緊急紓困助學金、住宿優惠等。

3. 其他助學措施：為照顧弱勢學生就學，尚有各類學雜費減免（如低收入戶、特殊境遇家庭子女、身心障礙人士及其子女、原住民學生等）、工讀助學金、就學貸款等協助經濟弱勢學生之措施，並完成各類獎助學金的統一窗口「圓夢助學網」，提供學生所需各種助學資訊，協助其圓夢就學。

二、技職教育法

(一)技職教育變化

從1990年代以來，我國技職教育在數量方面有很大幅度的變化。主要如下：

1. 高中和高職學生數翻轉：高中與職校學生的比例在民國58年約為6:4，經由人力規劃，到71年迅速轉變為3:7。84年以後隨著廣設高中（含綜合高中）和少子化導致學生來源減少。85年起，高中和職校校數比由5.2:4.8轉變為6.7:3.3，學生人數比則由3.4:6.6轉變為5.6:4.4。顯現職校和學生人數呈絕對和相對性減少。

2. 專科學校校數與人數驟減：85年起，推動減少專科學校及鼓勵專科學校升格與改制為科技學院或科技大學，專科學校校數逐漸遞減剩個位數，導致科技學院與科技大學生校數級人數大幅擴增。

(二)技術及職業教育法

技職教育是我國經濟發展之重要推手，與普通高中、大學併稱我國教育國道之一。為強化技術職業教育，「技術及職業教育法」於104年通過公布，使技職教育邁向新的里程碑。

「技術及職業教育法」共分：總則、技職教育之規劃及管理、技職教育之實施、技職教育之師資、附則等五章29條條文（請見附錄一）。茲列舉具特色之法條，對技職教育發展產生重大影響，說明如下：

1. 行政院定期召開技職教育審議會：每二年公告技職教育政策綱領，由教育部及相關部會、學者專家等審議技職教育相關議題，一方面從國家經建發展總體目標的角度下，另一方面從我國教育制度人才培育角度，來審視我國技職教育人才培育相關措施，當能更提綱挈領指導教育單位推動技職教育有關事項。

2. 責成各級相關主管機關配合辦理技職教育有關事務：中央主管機關進行技職教育的調查及統計；各中央目的事業主管機關應提供產業人才需求調查及推估報告送中央主管機關。

   直轄市、縣（市）主管機關應每三年向中央主管機關提出技職教育報告，由中央主管機關據以訂定技職教育發展報告。主管機關應組成技職教育諮詢會，以提供技職教育相關事項之諮詢。

3. 國中小課程綱要納入職業認識與探索相關內容：明文規範國民小學及國民中學的課程綱要，應納入職業認識與探索相關內容，使國內國中小學學生能適度的接觸到技職教育、職業訓練相關內容。

4. 技職校院落實技職教育及產業參與技職教育之獎勵：學校得依科系性質開設相關實習課程，實習課程如為校外實習，其實施方式、實習場所、師資、學分採計、輔導及其他相關事項規定，除法令另有規定外，由學校定之。

   主管機關應就學校辦理實習課程實施績效評量；長期提供學校實習名額，且實習學生畢業後經一定程序獲聘為正式員工達中央主管機關所定一定比率的校外實習合作機構，得予獎勵。

   學校得遴聘業界專家，協同教學，以利深化技職教育的實務教學；主管機關對有大量員工參與學校實務教學的企業，應予獎勵。

5. 技職教育課程銜接機制：技專校院應強化職能導向課程，並應與技術型高級中等學校、普通型高級中等學校附設專業群科及綜合型高級中等學校專門學程共同建立課程銜接機制，以利學生職能培養。

   技專校院得優先招收具一定實務工作經驗的學生，並於招生相關

　　章則中增列實務工作經驗的採認及優惠規定。

6. 將職業教育列入高級中等以下學校師資職前教育課程必修學分：職業群科師資應赴業界實習，對師資培育制度，規範高級中等以下學校師資職前教育課程應將職業教育與訓練、生涯規劃相關科目列爲必修學分，讓日後所培育的國中、國小師資生，對職業教育與訓練、生涯規劃等科目有一定程度的了解。

　　對高級中等學校職業群科師資職前教育課程，規定其應包括時數至少18小時之業界實習，以增加職業群科師資對業界的了解。

7. 技職校院專業教師任教滿六年需至產業研習半年：針對技職校院現職之專業科目或技術科目教師、專業及技術人員或專業及技術教師，要求每任教滿六年，應至與技職校院合作機構或與任教領域有關之產業，進行至少半年以上與專業或技術有關之研習或研究，讓上開教師有機會接近產業，了解業界技術發展的情況，有效的縮短學用落差現象，並可提升上述教師之實務教學能力。

8. 私人或團體對技職教育贊助或其他作爲著有貢獻者之獎勵：私人或團體對技職教育教學設備研發、捐贈學習或實驗設備、提供實習機會及對學生施以職業技能訓練著有貢獻者，中央主管機關得會商中央目的事業主管機關予以獎勵。

第三節　技職教育政策綱領

一、政策綱領

　　依據行政院106年3月2日訂定技職教育政策綱領，係以更彈性之職業繼續教育、更精準之人才培育、更落實之產業實習機制、更具效益之證照制度，以及更完善之產官學協力培育人才機制，進行未來產業所需專業技術人力之養成，俾能培育適應時代變遷、具備競爭力之新世代人才（教育部，2017）：

(一)技術及職業教育之定位與價值

　　長久以來，技職教育在提供國家基礎建設人力以及促進經濟發展上，扮演著舉足輕重角色，對締造臺灣經濟奇蹟，貢獻厥偉。同時，技職教育亦須配合產業脈動及社會需求，調整人才培育方向，並透過具有實務經驗之師資，施行實務教學及指導學生實作學習，使學生能依個人興趣、性向與才能，適性學習發展，且於畢業後能快速與產業接軌，成為各級各類應用型專業人才。

　　技職教育肩負培育優質技術人才使命，不僅是專門知識之傳遞，更應以「從做中學」及「務實致用」作為技職教育之定位，且以「實務教學」及「實作與創新能力培養」作為核心價值，俾以經由技職教育培養具備實務與創新能力之優質人才，成為帶動產業發展及提升產業研發與創新之重要支柱。

(二)技術及職業教育面臨之問題與挑戰

　　過去技職教育受到社會重視學歷文憑及輕忽實務之影響，常成為家長或學生第二順位之選擇。近年透過第一期技職教育再造方案及第二期技職教育再造計畫之策略實施及資源挹注，技職教育已有更明確之特色發展，包括建構親產學環境、實務選才、強化實務課程、學生實習及實作、教師實務經驗提升、引進業界專家實務教學等。

　　雖然技職校院辦學成果逐漸受到重視及認同，然而，技職教育仍面臨諸多困境，包括高職端之設科未能符應產業變動需求、學生對基礎學科之學習動機待提升、生涯與職業輔導未能落實及就業率偏低；技專校院端之科系與碩博士班設立核准機制待檢討、畢業生學用落差問題；以及整體技能職類分類分級不夠明確、證照重量不重質等。

　　技職價值尚待重建、師資培訓與產業脫節、學校設備設施老舊或未有效利用等，均須重新盤整因應及解決。

　　此外，面臨少子女化現象之嚴峻威脅，技職校院刻正面臨招生問題所肇致之危機；而產業結構也已逐漸從單一規模經濟轉向創造更高產值為重之跨業整合範疇經濟，且機器人世代、人工智慧、智能製作、物聯網、大

數據、金融科技、能源科技、醫療科技及自動化駕駛與運輸等新興科技趨勢，以驅動產業必須不斷轉型發展。另外，在資訊爆炸之時代，技職教育更需要培養具備取得資訊與運用資訊科技能力，並具解決問題與創新決策及判斷之卓越人才。

(三)技術及職業教育之未來發展方向

「技術及職業教育法」第4條規定：「為培育符合國家經濟及產業發展需求之人才，制定宏觀技職教育政策綱領，行政院應定期邀集教育部、勞動部、經濟部、國家發展委員會及其他相關部會首長，召開技術及職業教育審議會。」

技術及職業教育政策綱領將作為引領技職教育突破現況問題，以及因應全球化時代與未知產業樣貌之重要發展方向，且至少每二年應通盤檢討一次並公告之。爰此，綱領明定技職教育發展之願景、目標及推動方向，藉以引領技職教育之施行及未來發展：

1. 制度面：係以重整技職教育體系、暢通回流教育管道及建立具彈性之技職教育制度為主。
2. 學習面：乃以改善課程體系、加強實作與培養跨領域能力及創新創業精神為中心。
3. 社會面：則重新定位證照制度、整合學校與職訓（場）資源，增進產業與學校協力責任，以重建社會對技職教育之價值觀。

二、技職政策願景目標

(一)願景：培養具備實作力、創新力及就業力之專業技術人才

面對全球社會、經濟、人口結構、環境及科技之變遷與挑戰，未來產業發展之關鍵能力與人才需求，技職教育所培養之人才，除須具備產業所需之專業技術實作能力外，為符應新興產業之發展，甚至創造出未知產業與商機，技職教育人才亦必須具備創新思考與實踐及跨領域整合能力。而在全球化及資訊化時代下，學生亦須具備資訊之取得與分析能力、全球移

動之語言能力，俾以適應不同產業、行業之興衰，並能自由移動至世界各地之就業力。因此，綱領以「培養具備實作力、創新力及就業力之專業技術人才」爲願景，期使未來技職教育所培育之學生，能成爲國家未來經濟發展、社會融合及技術傳承與產業創新之重要推力。

(二)目標

1. 重整技職教育體系，暢通回流教育管道，彰顯技職教育價值：技職教育相較於普通教育之最大特色與區隔，在於透過務實致用之教育方式，促使其所培育之學生，不僅具備專業技術能力，更能展現動手實作能力及具備職業道德，成爲各行各業所需之優質專業技術人才。

   然而近年來社會反映技職教育學生出現學用落差之問題，突顯技職教育體系之培育內容與方式，未能依據產業需求變化，進行回應與調整。

   面對未來產業發展之未知變化與不確定性，技職教育應以專業技術教育爲根本，重整技職教育體系，並以更彈性之學習制度、更創新之教學模式、與更暢通之回流教育管道，滿足學生在職涯探索、就業、跨業、轉業、在職進修及繼續教育等多元需求。唯有技職教育學生能展現眞正符合社會產業所需之專業實務能力，社會大眾始能改變對技職教育之觀感，彰顯技職教育價值。

2. 強化課程體系與實作能力養成，激發學生創新思考與創業精神，促進技術傳承與產業創新：鑒於產業快速變遷發展，技職教育所培育之人才必須能即時回應未來產業需求，是以，技職教育之課程體系及師資之結構與培訓，應妥予改善及提升，俾使技職教育之課程與教學更具彈性，並藉由創新教學方法及實驗方式，進行未來產業所需人才之培育。

   此外，聯合國教育科學文化組織（UNESCO）於2015年5月與世界銀行等組織，共同提出之《2030年仁川教育宣言及行動框架》，強調至2030年時，具備技術、就業、有尊嚴勞動及創業家之青少

年及成年應持續成長；且於2016年提出之《2016-2021技術及職業教育與訓練策略》中，強調應優先培養青年就業及創業之重要性。歐盟亦將創業家精神列為需要通過終身學習以獲得基本技能的重要項目之一。

由此可見，創新思考及創業教育之重要性。技職教育之人才培育重點，不僅是各領域實作技術之傳承與精進，面對創新經濟及永續發展產業趨勢，更應使學生能對於實務技術之改良與未來世界之想像與需求，具備創新思維並勇於具體行動，培育創業家勇於冒險不怕失敗之精神，並能期許自身有朝一日成為未來職業之創造者，促進技術傳承與創新，帶動產業朝向創新發展。

3. 產官學協力培育技職人才，重建專業技術價值，翻轉技職教育地位：技職教育負有配合國家整體發展、促進產業升級、提振產業競爭力、優化勞動條件，並提供社會、產業、國家發展之專業技術人力責任，必須藉由產業、政府各部門與學校協力合作，促使各行各業之專業達人更受到尊重，並能吸引更多人選擇技職教育，提升各行業人才素質。

因此，未來應藉由重新定位證照制度、整合學校與職訓（場）資源，增進產業與學校協力責任，使教育、訓練與產業間之合作更為緊密，冀求藉由政府部門與產業協力所培育之專業技術人才，對於地方產業發揮建基及引領之功效，並進而促進國家整體經濟之發展及社會穩定之力量，俾以翻轉技職教育地位。

綜上，技職政策綱領係以培養具備實作力、創新力及就業力之專業技術人才為願景，期待透過職業試探教育、職業準備教育及職業繼續教育之實施，讓技職教育成為國家經濟發展、社會融合及技術傳承與產業創新之重要支柱。

第四節　技職教育再造

　　技職教育再造方案涵蓋的面向及策略相當廣泛，以彰顯並強化「技職教育特色」為優先規劃實施，若屬各級學校皆須重視之共通性或其他專案部分，則透過年度預算繼續執行。因此方案排除已推動實施的施政計畫，在「強化務實致用特色發展」及「落實培育技術人力角色」之定位下，分五個推展面向、十項施政策略，逐步逐階段執行。期能透過方案的實施，達到「改善師生教學環境、強化產學實務連結、培育優質專業人才」的目標（教育部，2014）。

一、第一期技職教育再造

　　第一期技職教育再造辦理期程為2010-2012年，主要為十項策略：

十項策略

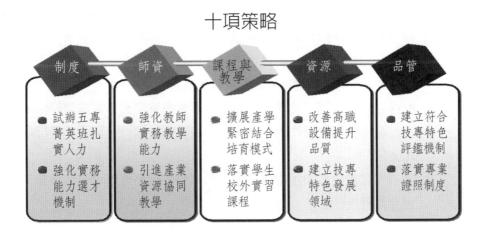

制度	師資	課程與教學	資源	品管
● 試辦五專菁英班扎實人力 ● 強化實務能力選才機制	● 強化教師實務教學能力 ● 引進產業資源協同教學	● 擴展產學緊密結合培育模式 ● 落實學生校外實習課程	● 改善高職設備提升品質 ● 建立技專特色發展領域	● 建立符合技專特色評鑑機制 ● 落實專業證照制度

(一)策略一：強化教師實務教學能力

　　97學年度技專校院教師未具實務經驗之專任教師66.8%，比率偏高，為全面提升技專校院及高職教師實務教學及能力，加強現職教師的業界經

驗，並鼓勵技專校院聘任具備三年以上業界經驗之新進教師，實有其必要性及急迫性。主要作法：

1. 鼓勵技專校院新聘專業科目教師應具一定年限實務經驗（具與任教領域相關之專職工作年資三年以上或兼職工作年資六年以上者），並將執行成效納入私校整體發展獎補助指標。
2. 強化現任技專校院教師實務教學能力，辦理教師寒、暑期及學期中至公民營機構研習服務或帶職帶薪（半年或一年）深耕服務。訂有補助技專校院教師赴公民營機構服務及研習方案作業要點。
3. 建構完善技術報告送審升等機制——修改指標、審查機制。（建置完善技術報告或實務研發成果送審升等機制）
4. 推動高職教師研習活動，提升教學品質。

(二)策略二：引進產業資源協同教學

爲全面推動技專校院與高職課程與產業接軌，遴聘業界專家共同規劃課程及協同授課，以推動技職校院課程及教學與產業接軌，培育具有實作力及就業力之優質專業人才實有其必要性。主要作法：

1. 採雙師制度：聘任業界專家協同教學，業界專家協同教學以不超過課程總時數三分之一爲原則；專任教師仍需全學期主持課程教學，其鐘點費依照原課程時數按月核給。
   配合方案，訂定「技專校院遴聘業界專家協同教學實施要點」，於高職學校「實用技能學程及產業特殊需求類科」導入「雙師制度」。
2. 業界專家教師共同規劃課程，並指導學生實務專題、校外競賽、證照考試及展演等。

(三)策略三：落實學生校外實習課程

爲提升技專校院學生未來就業力，訂定補助要點，鼓勵學校逐年提升學生校外實習比例，另鼓勵高職學生利用課餘校外學習專業知能及職場經驗，並擴大辦理學生至國外實習。主要作法：

1. 補助技專校院，鼓勵逐年提升學生校外實習比例，訂有「教育部補助技專校院開設校外實習課程作業要點」。

2. 高職學生校外實習部分：修訂「學生校外實習成就或教育訓練審查及學分採計要點」，鼓勵學生利用課餘校外學習專業知能及職場經驗；訂定「教育部補助增進高級中等學校學生國際視野要點」，且於高級職業學校學生成績考查辦法中，明定海外教育實習採計學分之規定。鼓勵進行海外技能實習活動，補助高職學生赴海外學校或訓練機構定點學習專業技能及相關課程等。

期能讓學生提早體驗職場，建立正確工作態度，增加學校實務教學資源和學生就業機會，進而減少企業職前訓練成本，儲值就業人才。

(四)策略四：改善高職設備提升品質

職業教育與技能養成對於實習教學設備具有高度的需求與依賴，職業學校群科課程綱要內容相關的輔助儀器、設備設施基準，都足以影響教學內容與學習成效。教育部並採用公式分配方式寬籌經費給學校補助。主要作法：

1. 配合新課綱充實實習設備：透過擴大公共建設投資計畫，充實高職課綱所需一般實習設備。

2. 建立區域技術教學中心及充實區域產業教學設備。

期望能協助學校發展區域產業特色，縮短城鄉差距，以達資源均衡化，培育產業優質基層技術人力。

(五)策略五：建立技專特色發展領域

技專校院受大專校院數增加，稀釋有限的教育資源，導致實務、實習課程所需之設備更新，面臨停滯且與業界嚴重脫節，規劃進行「師資、設備及課程」之提升。此外，面對產業再升級與全球化競爭下，應加速培育有臺灣特色且具國際競爭性產業所需人力。主要作法：

1. 推動「特色典範學校計畫」，以各校在其既有優勢領域基礎上，整合地方產業資源，成為技職典範特色學校。

2. 研定補助技專校院建立特色典範計畫要點：以一校一件計畫爲原則，研提四年期程計畫，並須明定分年達成目標值之檢核指標。由教育部邀集專家學者組成審查小組，進行各校計畫審查作業。並於年度核結前須辦理成果發表會並提出成果報告，列爲下年度經費補助參考，必要時得辦理訪視。

(六)策略六：建立符合技專特色評鑑機制

技專校院評鑑自64年起辦理，雖已產生引導良性辦學競爭及提升學校整體辦學品質等功能，惟此階段之評鑑制度較偏重行政督導與稽核的功能，無法突顯各校辦學特色。爲強調技職教育務實致用之特質，及考量各校特色、資源與願景皆不同，未來評鑑制度應朝向建立符合技職特色、肯定校際差異特色化發展方向改進，規劃如何突顯技專校院辦學特色，並引導各校建立自我改進機制。主要作法：

1. 現行評鑑制度之檢討及改進：委託評鑑專業機構針對現行技專校院評鑑及技專特色進行整體評鑑制度之檢討，包含評鑑指標項目及權重、評鑑作業及機制等，提出具體改進策略，例如：增加特色指標，如產學合作、業界師資、學生實習及證照取得等，並加重計分與權重，以符合各校所系科發展特色。
2. 建立自評機制：鼓勵技專校院依據各校發展目標建立並落實自我評鑑機制，定期追蹤考核，以提升辦學績效。並遴聘了解技職教育特性及兼具評鑑倫理。

期望導引技職教育務實致用及各校發展特色，提升辦學績效。以逐步建構協助技專校院形塑特色之評鑑制度，以提升辦理成效。

(七)策略七：擴展產學緊密結合培育模式

透過「產、學」互動方式，積極推動產學專班／產學學程，並擴展與緊密結合產學合作之培育方式，以提供產業所需人才。

(八)策略八：強化實務能力選才機制

透過招生方式引導學校重視實務教學，並鼓勵學生以競賽、證照、實務專題等表現實務能力方式適性升學。主要作法：

1. 修正中等以上學校技藝技能優良學生甄審及保送入學辦法，鼓勵技優學生參加甄審及保送入學。
2. 研議將學校推薦改為個人申請，並鼓勵採口試、實作、作品展示、在校實作成績或書面審查等方式，考評學生所具實務能力。
3. 調增甄選入學招生名額比例。
4. 強化選習國中技藝教育學生透過「輔導分發」機制，順利就讀高中職實用技能學程，讓弱勢學生經由非紙筆測驗入學高中職校。

(九)策略九：試辦五專菁英班扎實人力

產業界常反映訓練有素的中級領導幹部逐年流失，且受少子女化及80年代廣設大學等因素影響，五專學制宜重新定位。

(十)策略十：落實專業證照制度

為強化職業學校學生之技能水準，深化技職專業能力，落實職業證照制度之推動，每年均辦理在校生丙級專案技能檢定。因應未來產業結構改變，高級技術人力需求增加，積極鼓勵與推動高職教師及學生參加乙級以上技能檢定並取得證照，以提升高職教師專業能力、增強教學品質及學生職場競爭力。並宜建立我國專業證照法制化，保障技職專業者工作權，維護專業品質，使消費者更有保障。

二、第二期技職教育再造計畫

第二期技職教育再造計畫時程為民國102-106年，經費新臺幣202億元（教育部，2014）。

(一)目標

1. 無論高職、專科、技術校院畢業生都具有立即就業的能力。
2. 充分提供產業發展所需的優質技術人力。
3. 改變社會對技職教育的觀點。

(二)實施策略

從「制度調整、課程活化、就業促進」三大面向，以政策統整、系科調整、實務選才、課程彈性、設備更新、實務增能、就業接軌、創新創業及證能合一等九項策略，落實推動「第二期技職教育再造計畫」。推動九項策略，如下表：

推動措施	作法	計畫目標
策略一 政策統整	1. 結合教考訓用，整合政府部門、產業及學校資源，建立跨部會、產業界及技職學校合作機制及平臺。 2. 完備技職教育相關法規，建立完整技職教育體系，落實技職教育政策整體化。	落實技職教育政策整體化。
策略二 系科調整	1. 盤點技專校院與高職學校系科之設置及銜接。 2. 優先補助高職及技專校院調整、設置與製造業或重點產業類科等辦學成本高，且基層技術人力缺乏之相關科班。	1. 落實系科調整對應產業需求。 2. 培育製造業及重點產業類科人力。
策略三 實務選才	1. 現行招生管道之檢討。 2. 研議未來招生管道、考科及實務選才制度等調整策略。	落實技職學校實務能力選才機制。
策略四 課程彈性	1. 依產業需求為導向，建置技職課程及教材銜接產業需求之彈性機制。 2. 強化技專校院學生基礎學科能力與人文素養。 3. 系科自我定位，與業界建立策略聯盟並共構產業導向課程（含核心專業能力、實習課程及職業倫理）。 4. 強化技專校院暨高職學生基礎英文能力。 5. 建立亞洲校園聯盟，推動跨國學位學程，促進人才國際流動。	1. 建立從高職至技專校院課程銜接及對焦職場需求之機制。 2. 培養學生兼具專業能力與人文素養，及畢業即可就業的能力。

策略五 設備更新	1. 分級分年更新基礎教學設備。 2. 鼓勵產業捐贈學校教學設備。	更新高職及技專校院教學設備，縮短與業界設備落差。
策略六 實務增能	1. 教師面 　(1) 聘任業師協同教學。 　(2) 鼓勵技專校院聘任具業界經驗之新進專業科目教師。 　(3) 鼓勵高職專業科目教師甄試，著重實作測驗（術科）。 　(4) 鼓勵技專教師以技術報告或產學研發成果升等納入教師評鑑指標。 2. 學生面：落實學生實習。	提升教師及學生實務經驗與教學能力，培育學生實作技術。
策略七 就業接軌	1. 擴大辦理契合式人才培育專班。 2. 學生就業率納入高職、技專校院評鑑及私校獎補助指標。 3. 全面落實技職教育宣導。 4. 建置國中、高職、技專校院學生職涯探索歷程檔案。 5. 培訓國中、高職及技專校院職涯規劃種子教師。 6. 結合勞動部勞動力發展署辦理區域校園徵才活動，協助大專畢業生至職場就業。	協助學生適性發展及就業接軌。
策略八 創新創業	補助6所科技大學成立技專校院創新創業平臺。	1. 協助區域經濟發展。 2. 提升學生創新及就業力。
策略九 證能合一	1. 配合系科盤點及調整結果，研提高職及技專校院系科與產業需求相對應之專業證照，並鼓勵學生取得。 2. 獎助技專校院依職能基準，與產業界共同規劃課程。	1. 縮短學用落差。 2. 培育學生基本就業能力。

(三)效益

結合教育部、經濟部、勞動部、國發會、相關目的事業主管機關、高級職業學校及技專校院等共同推動，以連結產、官、學、研，建立教、考、訓、用合一之技職教育發展策略，打造實用技職之效益：

1. 人才培育：學校透過就業輔導（博覽會等）、實習、研究或發明、創業、執照及證照等管道，建立學生畢業轉銜至職場之機制，提升技職學生就業力及就業率。
2. 技術發展：技職師生深入業界，輸出教學與服務，協助企業轉型或技術開發。
3. 經濟發展：結合地方政府及產企業界，擴散校園研發成果及產學人交流加乘效應，促進區域經濟發展。

三、第三期技職教育再造計畫

為延續第前二期技職教育再造計畫，第三期技職再造計畫，預計民國107-111年推動，經費約新臺幣70億元。聚焦以學院為核心的跨領域學習和提升實作比例，期能引導學校透過學院整合系所師資及教學資源，鼓勵企業合作辦理契合式人才培育專班，將跨大辦理技專校院產業學院計畫，產學攜手合作計畫、高職就業導向專班，並透過跨部會合作，爭取企業參與人才培育，立法予企業賦稅抵免，提高企業參與意願及誘因。

第三期技職教育再造，預計要全面翻新高職的教育內容，無論是在實作或實驗等方面，因此將提供高職更多設備；另一方面，也將使技職教育國際化，讓學生在就學期間取得的證照也能運用在國際上，進而發展出具有全球移動力的能力。

第二章 職業教育訓練

提升教育品質不但是政府對國民的責任，也是國家對新世代的當然承諾。聯合國教科文組織《達喀爾行動綱領》（The Dakar Framework for Action）揭櫫：「教育是一項基本人權，也是參與二十一世紀迅速全球化的社會與經濟必不可少的手段」，顯見教育發展趨向已從過去追求卓越的菁英教育觀，擴展為平等的全民教育觀，國民教育也由基礎教育全民化延伸至中等教育全民化。

第一節　技職教育內涵

技職教育主要目的，在於促進國民充分就業。我國最早的職業學校法，明定職業教育的目標涵蓋培養青年學生的生產技能，並針對經濟發展與建設的需求，充裕各產業的基層技術人力的供應，以加速教育進步和經濟發展。早期的職業教育因專業師資的缺乏，實習設備簡陋，60年代初期，因工業的逐漸發展，於是大量擴充職業學生，積極培育所需的基層技術人力，配合各類專業技術人力的需求增加，就業機會也隨著產業急遽發展與產業結構的改變而擴增，專科學校乃陸續成立，並增設技術學院，而建立了技職教育一貫的教育體系。

一、技職教育特點

技職教育的重點，除了一般的學科知識外，同時注重職業知識與技術的實習，使學生具有專業知識、專業技術、職業道德、工作倫理，並配合學校職業輔導，使學生於畢業後能順利的進入就業市場，貢獻所學。

(一)技職教育特點

技職教育的發展過程中，為期教育與產業界的技術結合，兼顧教育與訓練的長處，民國58年起，辦理輪調式建教合作教育，60年起辦理階梯式建教合作教育，64年辦理進修式建教合作教育，72年起試辦延長以職業教育為主的國民教育等方案，82年起協助辦理國中技藝教育，對於基層技

術人力的培育貢獻良多。85年起採行多元入學方案，99年推動課程綱要改革，100年起實施多元免試入學方案等。其特點有（張添洲，2000）：

1. 辦理技能檢定，落實職業證照制度：鼓勵學生參加技能檢定，擁有技術證照。
2. 加強技術實作學習，奠定就業基礎。
3. 實施建教合作，結合理論與實務。
4. 辦理推廣教育，協助社區發展。
5. 強調實務教學，建立教學特色。
6. 更新技職課程，因應社會脈動。
7. 延攬技術教師，培養學生實作的能力。
8. 實施專題製作，鼓勵研究發展。

(二)技職教育內涵

　　技職教育為現代教育制度中重要的一環，完善的技職教育，不但可培育各級技術人力資源，提高勞動力的品質，促進經濟發展，帶動產業升級。技職教育結合學術性、生產性與建設性等功能，小者可使學生具有一技之長的謀職就業能力；大者可促進經濟發展，富國裕民。過去五十多年來，技職教育不論在質的提升與量的發展上，均有長足的進步與發展，貢獻良多。其內涵為（張添洲，2000）：

1. 配合國家人力資源政策作調適，隨著經濟發展、社會變遷，調整其結構及功能。
2. 培育社會所需各級技術人力，為服務社會準備，與國家建設息息相關。
3. 包含有各種類型班別，以適應社會上進修需要。除日間部外，還有進修部、建教合作班、員工進修班與實用技能班、國中技藝教育班等。
4. 強調個人謀生與就業技能的培養，鼓勵就業，縮短產學落差。
5. 課程發展兼顧學術理論與經驗實務，重視行業或任務分析，劃分層次達成連貫的教育目標。

6. 重視實際操作與實習、實驗工作，以充實工作經驗。

7. 注重個別差異，以能力本位教學爲導向，促進個人自我實現，滿足學生生涯（career）發展需求。

8. 實習及實驗相關設備，工具儀器與材料等昂貴，投資成本龐大。

9. 與相關業界密切配合，掌握業界發展動態，課程配合業界任務而調適，促進經濟發展。

10. 重視技能領域的評量，兼顧學習過程與成品製作。每一學習單元有明確、具體與可評量的學習目標。

技職教育在使學生達成學以致用，技術報國的目的。除了技術層面的了解外，以實用爲導向，提供就業技能，塑造現代人應有的知識與技能，期能適應現代社會生活，以提升生活層次。爲因應社會變遷與產業升級的需要，培養各級技術專業人才，是促使技職教育層次提升的良好途徑。

二、技職教育革新

技職教育的主要目的，在於培育企業界所需要技術人才，使其投入國家建設行列而促進經濟建設發展。我國職業教育的發展，隨著國家建設的演進，在演進的過程中也帶動了國家的經濟發展並朝向現代化途徑邁進。

(一)技職教育目標

職業教育在培育基層技術人才，畢業學生理應具備企業界所需要的專業知識與技術水準。亦即，職業教育在使學生達成「學以致用，技術發展」的目的。除了專業知識的了解外，以實用爲導向，提供學生就業技能，塑造現代人應有的知識與技能。

依據原「職業學校法」第1條的規定：「職業學校，依中華民國憲法第158條之規定，以教授青年職業智能，培養職業道德，養成健全之技術人員爲宗旨。」茲舉民國75年修訂公布之「高級工業職業學校課程標準」中，我國高級工業職業學校的教育目標如下：

1. 培養青年爲工業基層技術人才，以配合國家建設之需要。

2. 養成青年之服務精神與領導能力，以促進工業社會之發展。

3. 建立工業學校為當地工業社會之建教中心，以增進職工之技能。

(二)技職教育革新

我國技職教育，始於民國11年公布的壬戌學制，後續主要發展如下（張添洲，2000）：

1. 民國21年頒布「職業學校法」。

2. 民國23年頒布「職業學校規程」將職業學校分為農業、工業、商業、海事、醫護、家事及藝術等七類。此後職業教育為政府所重視，並積極培育各行業所需專業技術人力，藉以促進國家經濟建設的發展。

3. 民國36年4月修正公布「職業學校規程」，明定職業學校為實施生產教育的場所。

4. 民國42年政府為全面發展臺灣經濟建設，以厚植國力，改善民生，開始實施經濟建設四年計畫，加速培育各類生產技術與人才。

5. 民國57年實施九年國民教育，對職業教育的發展帶來了巨大的挑戰，為了適應劃時代教育發展的需要，教育部設置了「技術及職業教育司」，職業學校取消初級部，調整學制，推動建教合作班，修訂課程標準，推行技能檢定等各項改革措施，而促進職業教育的蓬勃發展。

6. 民國65年修正公布「職業學校法」，第1條明訂職業學校依「中華民國憲法」第158條規定，以教授青年職業技能，培養職業道德，養成健全之基層技術人員為宗旨，此為各類職業學校發展職業教育的指導原則。

7. 民國68年配合行政院核頒之「科學技術發展方案」，教育部成立「工職教育改進小組」推動工職教育改進計畫，全面革新工職教育。

8. 民國74年完成工職新課程及設備標準；其他如農業、商業等類科

亦因應社會變遷及經濟發展之需要調整設科名稱及課程內容，使職業學校各類科學生，皆能適合個人志趣與能力，學有所成，更使職業教育的發展，達到提高人力素質之標的，以促進國家整體的經濟發展。

9. 民國83年推動綜合高中，強調「高一試探、高二分流、高三專精」理念，分類學術學程與專門（職業）學程，並陸續推動高職優質化、社區均質化、技職教育改進計畫、業師協同教學、職場體驗等多項高職推動。

10. 民國89年開始推動多期次「技職教育再造方案」。

11. 民國103年實施十二年國民基本教育。

12. 民國104年發布「技術及職業教育法」。

三、未來技職教育環境

依據技職教育再造第二期計畫，未來技職教育環境之預測（教育部，2014）：

(一)少子女化趨勢，衝擊技職體系學生來源及發展方向

隨著我國出生人口逐年遞減，民國102年起後期中等教育生源將銳減，105年起將延伸至高等教育階段。學校在面臨少子女化問題之際，紛紛視招生為最重要之校務工作，系所調整及轉型開始走往市場導向，在招生競爭壓力下，恐影響普通教育及技職教育之定位與發展，不僅普通教育有技職化現象，技職教育亦有學術化傾向。然而技職教育最大的特色在強調「務實致用」，應與普通教育重視學術研究有明顯之區隔，面臨日益嚴重少子女化現象之衝擊，技職教育應有穩定的定位發展，期使我國技職教育體系具有務實特色之人才培育功能。

(二)社會經濟產業結構變遷，人才培育功能愈顯重要

因應政府未來十年之產業結構優化政策：三業四化（製造業服務化、

服務業科技化及國際化、傳統產業特色化）行動計畫，專業人力需具備研發創新及品牌行銷之能力，於全球性競爭面向，需與國際脈動接軌、國內外技術交流及研發合作；而於在地競爭面向，更需有國際觀、外語能力與在地管理能力。於109年產業結構優化思維下，傳統產業除強調質量並進外，將透過ICT加值應用與創新設計，協助傳統產業全面升級；而新興產業除透過跨領域發展以提高產值外，更將朝人才培訓、技術創新、營運管理等方向加值，以擴大產能。因此因應未來社會經濟產業結構之升級轉型，我國技體系對於專業技術人才培育之功能愈顯重要。

(三)東南亞各國相繼取經，我國技職教育之品質需持續精進，以擴大對產業發展之助益

　　我國技職教育過去培養不少技術人才，造就臺灣經濟奇蹟，近年高等技職教育推動成果卓著，不僅學生屢次於國際各項競賽上獲得亮眼成績與表現，鄰近東南亞國家如越南、泰國、印尼及印度等國，亦規劃選派教師臺灣從事技職領域的研究。各國之相繼取經，顯現我國技職教育對於國家產業發展之助益極具國際優勢，因而隨著國際交流合作之推廣，我國技職教育需挹注更多資源，協助技職體系學校持續精進，擴大對產業發展之助益。

四、高職發展

(一)高職學制

　　高級職業學校主要學制如下（張添洲，2000）：

1. 日間部：招收國民中學畢業學生或是具有同等學力者，經免試入學、甄試錄取、登記分發或是保送入學等多元入學管道就讀，修業以三年為原則；夜間部修業以四年為原則。

2. 進修部（進修學校）：以免試入學、登記分發等方式招收國民中學畢業學生，修業以三年為主。進修部並放寬入學年齡限制，因應國民中學畢業學生半工半讀或生涯規劃需要，修習職業學校課

程，畢業後授以畢業證書。

進修部為最富有彈性的教育方式，招生對象不限國中畢業生，提供社區人士學習各項技能的機會。

3. 建教合作班：結合學校與業界合作關係，學生除了經過招生考試外還必須通過廠商的面試。輪調式建教班學生每三個月輪流在學校上理論及基本技能課程，及業界負責專業知識與技能的訓練。階梯式建教班則於三年級至業界實習。

4. 實用技能班（延長以職業教育為主的教育班）：招收暫時不升學的國中畢業學生，學習一技之長的職業進修班，課程以技能學習為主。其修業年分為一年段、二年段、三年段，得分年修習，成績及格發給年段修業證明書，修畢三年段課程，發給結業證明書，結業生得參加由教育主管機關舉行的資格考驗，成績及格給予資格證明書。

5. 國民中學技藝教育班：分由國中自辦，或與附近的高職、專科、職業訓練中心等合辦，提供國中三年級學生提早職業試探，修習職業陶冶課程，研習一年後以輔導進入高職延教班為主。

6. 特殊需求產業專班：以特殊類科、嚴重缺工產業為優先，並鼓勵開辦政府提倡之新興產業，含括模具、精密機械、精密加工、航海、航空維修、遊艇、半導體、紡織、服飾、表面處理、綠色能源、觀光旅遊、生物科技、文化創意及精緻農業等產業。

適用對象為技術型高級中等學校、普通型高級中等學校附設專業群科、綜合型高級中等學校專門學程（以下簡稱高級中等學校）及公私立科技大學、技術學院及專科學校（以下簡稱技專校院）等學生。

(二)國中畢業進路

因適性學習多元發展的教育理念，國中畢業後選讀高中或高職，畢業後不論是升學進路或就業選擇，都擁有多元與寬廣的發展階梯（如下圖）學術體系之普通高中與技職體系之高職，皆能互相選讀。

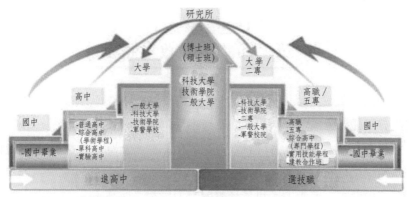

✿國中畢業生升學進路階梯圖

教育部

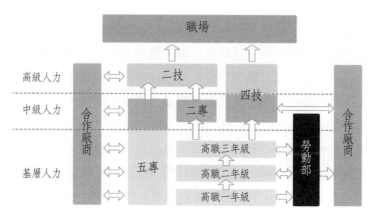

✿技職教育體系進路圖

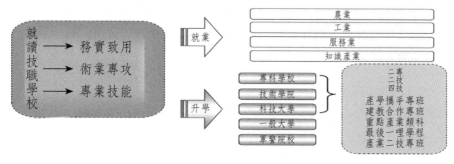

✿技職學校體系進路圖

第二節　技職教育體系

　　我國技職教育以培育經濟發展所需要的各級技術人力為主，依其不同層次分為職業學校、專科學校、及技術學院與科技大學等。

　　臺灣技職教育，培育無數專業技術人才，一直是臺灣社會的中流砥柱。建構現代技職教育一貫體系，配合經濟成長的技職教育政策，才是臺灣經濟發展的主要動力，也是臺灣競爭力優勢之所在。

一、技職教育體系

　　我國學制國民中學之上即分為普通教育及技職教育二大體系。技職教育含括中等技職教育及高等技職教育兩大體系。中等技職教育體系包括國民中學之技藝教育、高級職業學校、普通高中附設職業類科（簡稱高職）或綜合高中專門學程。高等技職教育體系包括專科學校、技術學院及科技大學（含研究所），已建立完整的體系，如下頁圖。

　　我國技職教育強調「務實致用」，為培育優質專業人才、改善技職校院師生的教學及學習環境、提升整體技職教育品質，教育部98年推動「技職教育再造方案」；101年推出「發展典範科技大學計畫」，引導科技大學發展與一般大學明顯不同之實務特色，配合產業需求及相關資源，朝向以「產學人才培育、務實教學」為主；103年啓動十二年國民基本教育，高中職學生全面免學費、大部分免試入學，使學子能依個人興趣、性向與才能適性學習發展，選技職有前途，以促進臺灣技職教育邁向另一個新的高峰（教育部，2014）。

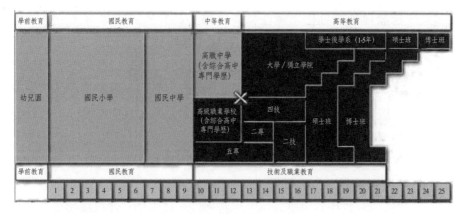

學前教育	國民教育		中等教育	高等教育		

❀普通教育及技職教育體系圖（資料來源：教育部）

(一)中等技職教育

中等技職教育包括國中技藝教育、高職、普通高中附設職業類科及綜合高中（專門學程）（張添洲，2000；教育部，2014）。

1. 國中技藝教育：係針對國中三年級（K8）學生，具有技藝學習性向、興趣者所開設的職業試探課程，提供其對生涯認識。每週可選修14節的職業試探課程，每學期以試探一至兩個職群爲原則。選修技藝教育的學生可優先就讀高職實用技能學程；亦可經由多元入學管道升學高級職業學校、普通高中附設職業類科或綜合高中專門學程。

2. 高職及普通高中附設職業類科：招收國中畢（結）業或具有同等學力者入學，修業三年，以取得高職畢業證書。因應特殊學生的不同需求，另外開設進修學校、建教合作班、特殊教育實驗班及實用技能學程。高職類別爲：農業、工業、商業、海事水產、家事、藝術等六類。95學年起，課程架構依專業屬性及職業群集概念，將89個科別統整爲15職群。課程方面採學年學分制，畢業學分爲160學分。課程規劃強調學校本位，以符合產業迅速變遷需要，並培養具有核心能力、強化實習等特色。

3. 綜合高中（專門學程）：爲協助部分學生經由生涯輔導與職業試

探歷程延遲分化，適性發展，85年起實施試辦綜合高中，88年納入正式學制。綜合高中招收國中畢業生或同等學力者。為使學生充分了解自己興趣、性向與學程特色，做好生涯規劃與職業試探，高二階段設有學術學程（準備升大學）或專門學程（準備就業或升讀四技二專）。課程採學年學分制，其中約三分之二學分由學校自行規劃，以發展學校特色。

(二)高等技職教育

高等技職教育學制主要分為：專科學校、技術學院及科技大學二個層級。

1. 專科學校：依修業年限分二年制（二專）及五年制（五專）兩種，二年制招收高職、綜合高中畢業生或具有同等學力者入學，五年制則招收國中畢業或具同等學力者考生入學，專科學校畢業後可取得副學士學位。

2. 技術學院及科技大學：以培養高級專業及實務人才為宗旨。技術學院及科技大學皆可招收副學士班生、學士班生、碩士班生，科技大學可招收博士班生。下圖為技職教育體系圖與學制圖。

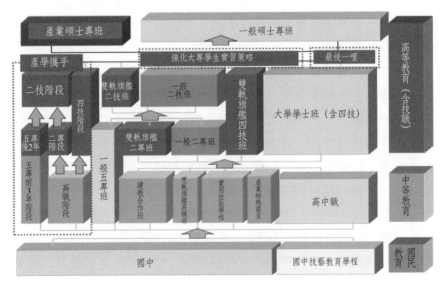

✿技職教育體系圖

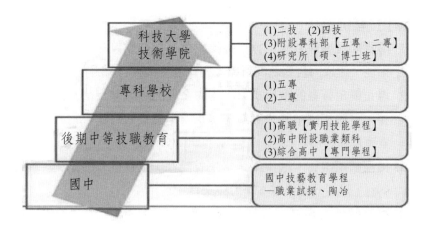

✿技職教育學制圖

二、國中技藝教育班

(一)國中技藝班功能

1. 技藝教育是另外一種選擇：多樣化社會中，提供多樣化課程讓不適合升學學生選擇、修習，使其在學業之外的發展較有成就。

2. 技藝教育是另外一種補救教學：許多國中學生有學習挫折感，技藝教育便是一種補救教學，提供學生從不同的課程裡，獲得成就與滿足感，對於以往在學習上所產生缺乏興趣、適應不良學習現象，加以有效補救。

3. 技藝教育是一種試探性的教育：在國中階段的技藝教育具有職業試探的功能，因為社會愈成熟，個人的成長過程就愈遲緩，需要的時間就愈長。因此，在國中三年級階段的技藝教育，存有職業試探的功能。

4. 技藝教育是職業教育的準備教育：許多職業所具備的基本知識與技能具有共通性，如職業倫理、職業道德、職業規範等，希望透過技藝教育，提供技藝教育班學生相關而基本的職業知識與技能。

(二)國中技藝班效益

1. 落實因材施教教育目標：提供學生不同型態技藝課程，發展學生潛能，達成因材施教的目標，發揮適性教育的功能。

2. 導正偏重智育的教學風氣：國中全面開設職業陶冶及技藝教育課程，可緩和國中升學風氣，導正國中偏重智育的不當教育，增進五育均衡發展。

3. 提高國民素質：國中畢業學生就讀高一將從90%的比例，增加到99%，以提升國民基本學力與素質。

4. 提升勞動力素質：學生從國三起接受至少二年職業教育後再離校，增進工作技能與相關知識，使尚未就業的青少年獲得一技之長，以利就業；可提高勞動力素質及解決當前勞動力缺乏的困境。

5. 降低國中學生輟學及犯罪的比例：健全完整輔導體系，落實親職教育，且國中畢業生必須再接受一年技藝教育，使得遊手好閒的青少年減少，降低犯罪率，社會增加和諧。

6. 強化特殊教育的推展：重視身心障礙學生就讀高級職業學校，提升特殊教育的質與量。

7. 擴大就學、就業機會，教育實現機會均等，適性發展機會，培養正確的職業觀念，發揮正確的生涯教育功能。

8. 協助志願就業學生，熟練行業知識與技能，具備就業能力。

9. 善用教育資源，增加教育投資效益，建立完整中等職業技術教育體系。

10. 強化與產業界、職業訓練中心合作，提供業界員工進修的各種管道。

(三)實施情況

國中技藝教育班係爲國中想提早就業，或是具有職業性向的學生，提供兩年技藝教育後，再輔導就業或繼續升學，以確保每位國民皆能享有十年國民教育的權利。因此，於國二下學期時提供可能參加技藝教育班的學

生選讀。82學年度共開辦654班後逐年增加，並且延伸於國二上學期起開辦。

國中技藝班有國中自辦式技藝教育班、特殊技藝教育班、國中附設技藝教育中心開辦、與鄰近高職合辦等多元班別。

三、綜合高中

綜合高中（Comprehensive High School）是依民國83年第七次全國教育會議建議辦理。期能面對二十一世紀高科技時代的來臨，能在我國中等教育的後期，除了現有的普通高中、高職、及五年制專科學校以外，另有綜合高中的設立，以因應部分性向、興趣較遲緩分化學生的需要，同時也能滿足部分兼具多方面學術性向和職業性向學生的學習需求，以因應適性發展的教育目標及順應世界潮流中等教育發展的發展趨勢。

我國普通高中係以學術基礎教育為主，學生畢業後升學大專院校；高職以培養基層技術人才為主，學生畢業後導向就業市場；綜合高中則兼具兩者的功能，區別在於學生入學前暫時先不決定學習進路，入學後再藉由課程的學習情況決定；學生在前期階段以修習共同基礎課程為主，後期時的課程設計，讓學生逐漸由試探而分化。

(一)目的

綜合高中的設置，旨在照顧每位學生，提供適性教育機會，實現教育機會均等的理想，以迎合高科技時代人力的需求。綜合高中具有全民性、平等性、多元性、自主性等特性。綜合高中的「綜合」，取其課程綜合、學生綜合、師資綜合、設施綜合、進路綜合等的意義。

綜合高中的主要目的，歸納如下：

1. 因應世界教育潮流，建立後期中等教育學制多元化：在現行高中、高職、五專之外，提供學生多一個的選擇機會。
2. 統整高中、高職教育資源，提升教育品質：讓學生在綜合高中階段，滿足普通學術和職業性向試探的需求。

3. 融合高中、高職教育目標，充實學生基本能力：藉由綜合高中的課程統整，以提升高職學生的普通基本能力。
4. 課程彈性，適應延遲分化的需要：強化「高一統整、高二試探、高三分化」的課程規劃原則；亦即可從國三決定選讀高中、高職的抉擇，延後到高一統整學習後，再依照個人的性向、興趣抉擇。
5. 增進職業性向試探機會，協助學生適性發展：綜合高中可以提供學生職業性向選修試探機會，對部分學術性向不明顯、而職業性向明確者，有利於適性發展。

(二)生涯進路

綜合高中可以提供學生更多元的選擇機會，對學生的性向輔導與生涯進路，大有裨益。對技職教育體系而言，延後分化將能強化技職學生的通識教育與基本能力，將會有更多的資優或績優學生選讀技職課程，有利於未來專業人力資源素質的提升，對技職教育將形成良性衝擊。

綜合高中畢業學生，將可依照職業性向及興趣、意願輔導分化進入大學、四技、二專繼續升學或學習一技之長後就業。

(三)課程

綜合高中的課程採學年學分制，融合高中、高職現有的課程。分為學術學程和專門學程。綜合高中的生涯進路分為升學與就業，升學可以進入一般大專院校的各個類組學系，就業進路則可以繼續往四技二專進修。

綜合高中的課程具備統整、試探、分化的功能，高一以統整和試探為主，高二以試探和分化為主，高三則以分化為主，以導向專精的學習；提供學生適性選擇，在共同課程外，分為三類：
1. 純學術課程：為升大學做準備。
2. 純職業課程：取得參加四技二專聯招的資格。
3. 兼具以上兩者的課程。

第三節　各國職業教育訓練

　　技職教育肩負培育優質技術人才的使命，透過教育訓練以提高產業研發與創新能力，突破產業升級瓶頸，加速國家經濟動能推升。

　　近年來，美國、德國、英國、澳洲及日本、瑞士等國家，不斷進行技職教育訓練制度之改革（楊朝祥，2010a；教育部，2013）：

一、美國技職教育訓練

　　美國教育體系分類完備，技職教育主要的目標是提供國民擁有就業能力，兼重個人成長與適應社會的需要，以利國家在世界競爭中長保名列前茅的地位，美國技職教育對臺灣技職教育發展影響深遠，尤其是美國立國之初盛行的「師徒制」，曾深刻影響臺灣早期的技職教育，對於臺灣經濟建設及發展具有不可抹滅的貢獻（王誕生、林詹田，2014）。

　　美國最早的職業教育法案為1917年通過的國家職業教育法案（The National Vocational Education Act of 1917），又稱史密斯－休斯法案（The Smith-Hughes Act of 1917），職業教育被定位為不需四年大學學士學位以下的職業準備教育，並授權聯邦政府提供經費，協同各州政府合作辦理農業、家政、及行業與工業職業教育，經費也提供作為職業教育師資培育之用。且在聯邦政府經費的協助下，各州職業教育蓬勃的發展，開啟了美國基層及中層技術人力培育的先河（楊朝祥，2010b）。

(一)柏金斯職業教育法

　　柏金斯職業教育法案對職業教育影響最為深遠的莫過於強調職業教育與一般教育的交流與銜接。過去職業教育是學校教育中的一支，但與一般教育間，有如楚河漢界，毫無關聯，然而就業市場新的就業趨勢，除了就業的技能之外，通識教育、基礎學科都是就業所必備的條件。普通教育與

技職教育兩者密不可分，兩者的交流與銜接在現代的社會中日益重要，該法案強調職業教育與一般教育的交流與銜接，對技職教育的發展方向有顯著性的影響。

美國技職教育受到「柏金斯法案」影響，已經由中等教育擴充到高等教育，提供生涯及技術教育課程的學校類型有四年制的公、私立大學及二年制的社區學院，其中提供生涯及技術教育課程的學校占所有高等教育機構的九成以上，選修生涯教育課程的學生人數占總學生人數的六成，顯見「為生涯做準備」的生涯及技術教育在高等教育已經逐漸受到重視（楊朝祥，2010a；林俊彥、王姿涵，2011）。

(二)職業教育結合生涯教育

70年代，美國聯邦教育當局大力推動生涯教育，期望學生透過對生涯的認知、試探、準備及安置等，增進個人在生活、工作與學習上的選擇與適應能力。技職教育是生涯教育的一部分，也是職業的準備與安置。各州推動生涯教育時，都由技職教育部門負責，冀望透過完整的技職教育系統來發揮生涯教育功能。

美國的生涯與技術教育，包含中等教育、高等教育及成人教育等三個層級。聯邦教育部（US. Department of Education）自1996年起，推出新美國高中（New American High School）計畫，這是一項學校教育革新計畫，強調高中生應獲得高水準的學科與技能學習；為將來的升學和就業做準備（楊朝祥，2010b）。

(三)重視實務課程與經驗

美國技職教育技術師資，是取得學位後必須再到企業界工作或實習，取得相當年資和經驗方可擔任。另外，技職教育的行政視導人員，必須具備足夠的該科別之專業知能以及相關教育行政經驗始能擔任，旨在確保學校的技術教學與視導不會和社會實際需求脫節。

美國高中課程可以分為學術課程和實用課程，各有不同的目標及必選修科目。各州政府對於選修課程給予各校相當大的自主權，促使各地方

的中等教育制度多元化，故高中實用課程多為選修課程，包括農業、商業與行銷、通訊與設計、電腦與資訊、建築與施工、工程與技術、健康與科學、製造、運輸與維修、法律與服務等（楊朝祥，2010b）。

二、德國技職教育訓練

德國在工業技術、工程科技一直有良好的水準，在技職教育方面雙軌制的教育訓練，企業機構與職業學校共同合作培育人才，結合理論與實務的學習確實達到相當的成效。

(一)德國教育學制

德國教育主要學制（江文鉅、張美瑤，2012）：

1. 基礎教育（Primarbereich）：兒童滿6足歲進入基礎學校（小學），基礎學校之前的學前教育階段係自由參與非屬義務教育，基礎教育一般為四年。
2. 中等教育（Sekundarbereich）：第一階段有國民中學（主幹中學）、實科中學、綜合中學、九年一貫制文理中學之前半部。第二階段包括文科中學後半部及高級文理中學第十至十二年級，包括：專業／職業高中、高級專門學校、職業專門學校。至18足歲止，每位國民均須接受普通或職業義務教育。
3. 高等教育（Tertiarbereich）：包括各類普通大學及以實務取向的專業大學（專業學院，類似我國科技大學與技術學院），授予學士（Bachelor）和碩士（Master）學位。

(二)雙軌學術學程

雙軌學術學程（Duale Studiengaenge）為企業機構與大專院校或職業高等專校的組合，共同合作培育人才，結合理論與實務的學習，在技術人力的培育上發揮相當的功效。雙軌學術學程主要招生對象是現職工作者在工作之餘有意願到大學進修以獲得學位，可歸屬於職業繼續教育。主要類

別（江文鉅、張美瑤，2012）：

1. 教育訓練整合的雙軌學術學程：連結一個職業養成教育和大專院校或職業高等專校的學術學程；前提是要與企業機構訂定教育訓練契約。

2. 實務整合的雙軌學術學程：結合學術學程和部分時間的職場實務工作；或者在整個學術的歷程中，職場實務係由幾個不同的階段整合而成，成為正式大學生需要與一家企業機構簽訂實習生或工作契約書。

3. 職業整合的雙軌學術學程：結合學術學程和部分時間的職場實務工作；此種學程入學許可的必要條件包括一份工作契約書。

4. 職業相伴的雙軌學術學程：結合學術學程和全職的職場工作；與函授學程的主要不同是基於企業機構本身的需求，提供經費與在職進修的名額，供企業機構自選員工帶薪赴大專院校全職進修。

(三)二元制職業教育制度

德國技職教育師資需具備產業界經驗，課程需符合立即就業和後續發展之需求，且社會重視技職教育，尊重各種職業技術人才。因此德國技職教育甚受國內外之重視。

德國技職教育可分為全時制職校職業教育，及二元制職業養成教育：即一般所稱的學徒訓練或技術生訓練，係結合工廠內部訓練與職業補習教育，一方面在企業工作崗位上學習專業知識技能，另一方面接受學校義務的職業補習教育，德國青年在義務教育完成後，為學習職業技能，約有三分之二的青少年，選擇到企業當學徒，學習時間至少三年，每週利用一至二天的時間到相關職業學校進行八至十二小時的普通課程及專業理論課程。

二元制職業教育制度由企業主、工作者和政府共同培育技職人才，亦即由提供就業機會的企業主導職業教育，並自行負責職業訓練所需經費，包括設備、師資、教材、學徒零用金或薪資等。國家制定法律規範企業應提供之職業訓練的內容、方法與程序，其職業資格的定義與認定則由

政府與其他職業教育利益團體，如工會組織、各專業協會等共同參與，職業教育政策同時也是產業政策與社會（勞工）政策（江文鉅、張美瑤，2012）。

三、英國技職教育訓練

英國職業教育訓練起源甚早，遠在中古時期，各種工商行會就有學徒訓練制度，並隨社會結構的改變不斷修正調整，進而蛻變演化成為現代化的職業教育訓練制度。

(一)英國職業教育訓練

英國職業教育訓練的中央主管機關是教育與技能部（Department for Education and Skills, DfES）。教育與技能部並未為職業訓練設置一套職業訓練機構體系，職業訓練是利用各公私立的學校、專業團體與私立訓練公司等訓練資源來辦理。英國在技職教育與訓練方面比較特殊的是，建有一套「職業能力（學力）檢定與證書制度」，設有一套「國家職業資格」（National Vocational Qualifications, NVQ）證書體系。由教育與技能部督導的行政法人（Qualifications and Curriculum Authority, QCA）負責制定各職類各層級的標準與規範。

為提供英國國民經由教育─訓練─就業的機會，促進他們發揮自我及在社會競爭中脫穎而出，實施以下職業教育訓練政策（吳榕峰，2012）：

1. 確使16歲年輕人在競爭的世界中，擁有良好的技能、態度和個人特質，及具備終身學習的基礎、工作技能和公民生活。
2. 發展每位國民對終身學習的承諾，期能增進生活技能，促進他們在競爭的就業市場中之就業能力，創造國家經濟發展與就業人力所需的技能。

(二)國家職業證書

英國的擴充教育（FE）及高等教育學院（HE），類似美國的社區學

院。在英國有許多擴充教育學院提供廣泛的學術課程，有些學院提供大學先修課程及學士學位課程。高等教育學院則提供大學部及研究所課程（吳榕峰，2012）。

英國職業教育與訓練的中央主管機關是教育與技能部（Department for Education and Skills, DfES）。教育與技能部並未為職業訓練設置一套職業訓練機構體系，職業訓練是利用各公私立的學校、專業團體與私立訓練公司等訓練資源來辦理。英國在技職教育與訓練方面建有一套「職業能力（學力）檢定與證書制度」。設有國家職業資格（National Vocational Qualifications, NVQ）證書體系。

國家職業資格是與特定職業相關的實際工作技能而授予之資格，該標準是由雇主、公會與專業機構所共同制定的。每一等級資格之授予都以實際技能為基礎，且對於達到相應的等級並沒有時間之限定。NVQ可分為五個等級，通常是透過工作表現做評分，但有時也包含口試與筆試。國家職業證照共有五個級別（吳榕峰，2012；行政院勞委會，2012）：

1. 第一級為基本的工作活動：為將知識運用在一定範圍內各種工作活動的能力，經常是例行性及可預測性的工作。

2. 第二級為能將知識運用在有意義且多樣性的工作活動：同時必須和他人共同一起完成工作。

3. 第三級為將知識運用在更寬廣的工作活動：是比較複雜的工作程序和環境、非例行性的工作，其工作中要自我管理和負責，並適時提供其他工作者的指導。

4. 第四級要求的能力為將知識運用到更廣泛複雜的技術性或專業性工作：且個人在工作活動進行中要負責相當程度的責任和自主，同時會被要求負責其他工作者的工作及資源分配。

5. 第五級為高階管理人員的能力：涉及運用基本的原理原則來處理工作，要求負擔責任和自主管理，同時對他人工作要求及資源分配要負絕大責任，並且能運用分析、診斷、設計、計畫、執行和評估來處理工作活動。

四、澳洲技職教育訓練

澳洲之高等教育包括專科、技術學院及大學，其中專科及技術學院常合併稱專業技術學院（TAFE）。專業技術學院為澳洲技職教育主幹，提供職業教育與訓練，在體制上是州政府的一部分。專業技術學院的課程相當有彈性，學生資格保留也很有彈性，如果決定休學一年再回到學校讀書，可以保留資格，進退非常彈性（白景文、李大偉、林韶姿，2012）。

澳洲國家訓練局與各級政府共同合作，負責規劃全國一致的職業教育訓練制度，建立技職教育的資格標準與評鑑模式。此外，澳洲政府也將技職教育資格與其他教育系統學歷重新規劃統整，發展出學歷資格認定架構。

專業技術學院的學生透過技能認證，可具備同等學歷的資格，轉銜到不同階段的教育繼續學習。另外，澳洲與德國相同，技職教育師資需具備業界經驗，課程需符合立即就業和後續發展需求，且社會重視技職教育，尊重各種職業技術人才。

五、日本技職教育訓練

日本的技職教育設置在「高等專門學校」和「專修學校」。高等專門學校的目的在於深入教授專門的學藝，培育職業必備能力。學制上類似臺灣的專科學校，學生畢業以就業為主，畢業可獲頒「準學士」學位。

專修學校目的在培養職業生活或實際生活所需要的能力或提升教養有用事項，不屬於正式學校，但是隨著社會變遷，日本認為這些學校發展到一定規模者，應給予明確定位，於是在學校教育法內賦予「專修學校」名稱。專修學校如設置專門課程，且招收高中畢業修讀一年者，稱作「專門學校」。

專門學校被定位成廣義的高等教育機構，可授予「專門士」文憑。日本技職教育體系完備，配套措施能充分配合多元化的教育體系，且能符合就業市場需求：

1. 就縱的層面看：有各種不同等級的學校教育。
2. 就橫的層面看：有正規、非正規、中等學校、高等學校、高等專門學校、短期大學等，不同層次各級各類學校實施職業陶冶教育、職業準備教育及職業進修教育。

正規學校的技職教育課程中，普通課程與專業課程並重；專業課程又以基礎性課程為主；非正規學校的技職教育著重實用性課程。日本技職教育重實習和實驗課程，教師多為工農商等專業背景。

六、瑞士技職教育訓練

瑞士教育成功的關鍵，在於從義務教育後開始分流，主要取決於個人志向或興趣，而非依照成績選讀高中或高職。職業教育課程，主要讓學生透過學徒制方式，獲取基本的職業訓練或專業技能，學徒制在職業教育扮演技能訓練的重要角色，常用於電匠、木匠、機械師等行業的培訓，其介於學校課堂教育與實際工作場域間，透過工作任務學習，與專家、同儕互動，並從成功及失敗的經驗中學習解決問題的方法和知能（張仁家、曾羿儒，2014）。

(一)技職教育訓練雙軌制

瑞士技職教育訓練採雙軌制，從義務教育之後開始分流，由於職業教育學校和業界提供完整的學徒制，以及多元的職業訓練和專業知識。高中生為進入一般大學，須通過高中會考，因此超過三分之二比例的青少年會選擇職業教育（張仁家、曾羿儒，2014）。

職業教育體系學生完成課程約需二至四年，並聯邦職業文憑考試（Federal Vocational Baccalaureate Examination），約有九成的人於二年課程結束取得聯邦職業證書（Federal VET Certifi Cate）；若選擇繼續完成三至四年課程，即可拿到聯邦職業文憑（Federal VET Diploma），並立刻進入企業工作或創業，也可以再繼續接受高等教育階段的專業教育培訓，以便取得特定資格，從事高階技術與管理職位。

國中畢業先接受基本的職業教育培訓後，通過結業考試，可獲得全國認可的聯邦證書，可在應用科學大學或專業教育培訓機構繼續學習。瑞士職業教育培訓與專業教育培訓屬於公立教育系統，其目的在確保年輕人能夠進入勞動市場，更保證國家未來有足夠的合格工人和管理人員。

瑞士教育提供了各種多元的學校課程，讓中等教育有不同類型的畢業證書，如普通高中文憑、中等職業教育文憑等，以利學生進一步取得合適的高等教育學位或證書。許多人在接受正規教育後，想在職場上提高個人的專業技能，即選擇繼續教育，可選擇大學或產業直接提供之培訓課程。

(二)學徒制特色

瑞士學徒制有助於年輕人在準備進入職場時，建立明確的目標，努力為企業帶來價值，自然也能得到相當回饋，樂於工作。特色如下（張仁家、曾羿儒，2014）：

1. 人才培育符合市場需求：瑞士職業教育的學生根據不同學習領域，選擇自己想要的學徒種類，並在產業或政府認可的公司工作，以職場能力需求作為教學內涵，透過小班制（10人內），或一對一的學徒培訓，在企業和職業學校兩方面進行學習。

   企業招收的學徒必須每週到職業學校接受1-2天的專業技術理論學習，其餘3-4天在工作場所實習與操作技能，以便學徒能夠學以致用，並立刻就業。

2. 職業培訓中心提供系統性課程：瑞士職業教育受到工業革命影響，由於當時勞動力與產品缺乏競爭力，因此設立補習學校，為技術工人提供基礎知識的學習，使他們在工作上更具有靈活性和創造性。學徒每週2天到鄰近的技職學校上課，其餘3天則在工作坊受訓，為增加學徒就讀高等教育的機會及就業選擇的彈性，於2004年制定「職業教育法」（Federal Vocational Education Act），規定職業培訓中心必須送審系統性的職業教育培訓（VET）計畫，並派請專家提供建議與諮詢協助，因此延伸出各種職業的引導式入門課程，並要求大型企業必須設立專門培訓中心。

3. 職業學校或職業培訓中心專業課程差異化：瑞士各州中等職業學校不僅招收一般學生，也招收在職的學徒工，學習內容包含實際操作、專業知識和基礎知識，實際操作主要是在企業中跟著師傅學習，專業知識和基礎知識則在職業學校或職業培訓中心集中授課，但可以根據不同專業的特點和要求，調整課程內容。此即瑞士職業學校或職業培訓中心專業課程差異化的特色。

4. 企業主動支持並長期投資培訓員工：瑞士學徒制起源於中世紀的手工藝傳承，爾後由於同業工會的興起，轉變為行會的組織，由師傅親自指導學徒學習各項技能，師傅以過來人的經驗，協助學徒通過地區考試委員會的嚴格考試，此類似我國技能或技藝競賽，學徒考試合格領取證書後，才能夠成為正式工人，並回到企業繼續工作。

　　瑞士職業無分貴賤，學生可廣泛地認識並進行職業實作，遇有疑惑時，可向學校、業界、當地職業局等尋求解答。從瑞士教育體系的分流方式來看，學校、地方職業局、教師、學生和家長皆可互相協調和溝通，由學校提供專業的職業輔導與諮詢，確保學生能選擇最適合的道路。

第三章　技術型高中群科

第一節 教育目標

技職教育訓練的目標在於培育優秀的技術人力，以配合國家經濟等建設的需要。在經濟發展方面，藉由技職教育的推動，可以均衡人力的供求；在社會關係方面，可以達成因材施教，促成社會流動的目的；在教學上，可能兼採文雅教育及技術實用教育的目的。

一、教育目標

(一)技術型高中教育目標

技術型高中以教導專業知能、涵養職業道德、培育實用技術人才，並奠定其生涯發展之基礎為目的，為實現此一目的，需輔導學生達到下列目標（教育部，2013）：

1. 充實專業知能，培育行職業工作之基本能力。
2. 陶冶職業道德，培養敬業樂群、負責進取及勤勞服務等工作態度。
3. 提升人文及科技素養，豐富生活內涵，並增進創造思考及適應社會變遷之能力。
4. 培養繼續進修之興趣與能力，以奠定其生涯發展之基礎。

我國技職教育的教育目標在於培育實用的技術人力資源，以促進國民的充分就業，各職類的教育目標如下：

1. 工業技職教育目標：在於培育工業發展所需的各級技術人力，學習生產製造的實用與專精技能。
2. 商業技職教育目標：在於培育各行業發展所需的企業管理人才，及具有良好服務道德的商業從業人員。
3. 農業技職教育目標：在於培育農業生產與發展所需的各級技術人力，保持從事農業技術發展所需成就適當人力。
4. 海事、水產技職教育目標：著重培育漁業、航海發展所需的各級技術人力，授以現代海事水產養殖、製造所需知能。

5. 護理、醫事技職教育目標：著重培育護理健康與醫療衛生所需的各級技術人力，提升醫事專業人才的技術能力。
6. 家事技職教育目標：在於培育健全的家事職業各級技術人力，以養成學生適應環境變遷，解決問題的能力。
7. 藝術技職教育目標：在於培育中西兼通、能唱、能奏、能舞，具有創作能力，以涵養豐富藝術情操的學生，參與文化建設，促使精緻文化的普及。

(二)機械群教育目標

1. 培養學生具備機械群共同核心能力，並為相關專業領域之學習或高一層級專業知能之進修奠定基礎。
2. 培養健全機械相關產業之初級技術人才，能擔任機械領域有關元件製造、裝配、操作、保養及簡易修護等工作。

二、群科核心能力

　　各群科應依據職業學校教育目標、群教育目標、學校特色、產業與學生需求及群核心能力等條件，訂定明確之群科教育目標。茲以機械群科為例，需培養學生下列各項能力（教育部，2013）：

(一)一般能力

1. 生活適應及未來學習之基礎能力
   (1)具備解決問題及調適情緒之能力。
   (2)啓迪尊重生命之意識。
   (3)奠定生涯發展之基本能力。
   (4)養成終身學習之態度。
2. 人文素養及職業道德
   (1)陶冶人文基本素養。
   (2)養成尊重差異之態度。

(3)培養同儕學習之能力。

(4)涵養敬業樂群之精神。

3. 公民資質及社會服務之基本能力

(1)深植積極進取之觀念。

(2)培養自我表達及人際關係處理之技巧。

(3)陶冶民主法治之素養。

(4)養成樂於服務社會之態度。

(5)增進國際了解之能力。

(二)專業能力

1. 具備機具設備操作之能力。

2. 具備機械識圖與製圖之能力。

3. 具備檢驗與量測之能力。

4. 具備機械加工與製造之能力。

5. 具備機電系統操作及維護之能力。

6. 培養多元進修之能力。

　　各科應依據學校特色、職場需求、學生生涯發展等，依其專業屬性及職場發展趨勢敘寫科專業能力。

(三)群科修訂

　　高級職業學校原為工業、商業、農業、家政、海事及水產類、醫事及護理類、藝術及戲劇類等七大職類，為配合十二年國民教育，依下列原則調整為15個職類群科（如下表）：

1. 以現行職校群科課程暫行綱要暨設備標準為基礎，進行必要之調整。

2. 參酌各國技職教育發展趨勢，發展群科能力指標，加強課程之縱向銜接及橫向整合。

3. 依據「能力本位」與「學校本位發展」之精神進行課程規劃。

4. 重視各類群專業特色，賦予各群科差異性課程規劃之彈性。

5. 配合「中小學一貫課程體系參考指引」之教育目標。

(四)職類群科

類別	群別	科別
工業類 31科	機械群	機械科、鑄造科、板金科、機械木模科、配管科、模具科、機電科、製圖科、生物產業機電科、電腦機械製圖科
	動力機械群	汽車科、重機科、飛機修護科、動力機械科、農業機械科、軌道車輛科
	電機與電子群	資訊科、電子科、控制科、電機科、冷凍空調科、航空電子科、電機空調科
	化工群	化工科、紡織科、染整科、環境檢驗科
	土木與建築群	建築科、土木科、消防工程科、空間測繪科
商業類 24科	商業與管理群	商業經營科、國際貿易科、會計事務科、資料處理科、不動產事務科、電子商務科、流通管理科、農產行銷科、航運管理科、水產經營科、文書事務科
	外語群	應用外語科（英文組）、應用外語科（日文組）
	設計群	家具木工科、美工科、陶瓷工程科、室內空間設計科、圖文傳播科、金屬工藝科、家具設計科、廣告設計科、多媒體設計科、多媒體應用科、室內設計科
農業類 10科	農業群	農場經營科、園藝科、森林科、野生動物保育科、造園科、畜產保健科
	食品群	食品加工科、食品科、水產食品科、烘焙科
家事類 10科	家政群	家政科、服裝科、幼兒保育科、美容科、時尚模特兒科、流行服飾科、時尚造型科、照顧服務科
	餐旅群	觀光事業科、餐飲管理科
海事水產類 4科	水產群	漁業科、水產養殖科
	海事群	輪機科、航海科
藝術類 11科	藝術群	戲劇科、音樂科、舞蹈科、美術科、影劇科、西樂科、國樂科、電影電視科、表演藝術科、多媒體動畫科、時尚工藝科

第二節　工業類群

一、機械群科

　　機械群科範圍包含非常廣泛，主要培養學生能擔任各種機械的操作維護，機械產品的製圖、製造及檢驗等工作能力。學習利用各種機械加工技術，來製作各種工具，如小至螺絲的製作，大至機械本體的加工，再予以製造配合，即是機械工作的內涵與特質。也可以利用電腦數值控制機械操作及編寫程式，進行各種不同層次的加工。

　　畢業後可從事機械工業、汽車工業、電機電子工業、民生工業、航空國防工業等，也可以從事銷售、相關材料供應等行業。有志於擔任公職者可參加普考、高考及公務人員特考等公職考試，或進入國營事業工作等。

(一)就讀的性向、興趣特質

1. 具有機械推理、空間關係、科學推理等性向者。
2. 具有修理機械、工業生產、及操作機械事務等興趣者。
3. 對圖形幾何、電腦繪圖有偏好傾向者。
4. 對機械、電子資訊與控制等工程科技之整合、應用在各產業有興趣者。
5. 樂觀進取，具有從事機械加工、製造及設計領域發展的企圖心者。

(二)具備生活經驗的特質

1. 喜歡拆卸、組裝機械，如樂高玩具、手機、汽機車、機械等。
2. 喜歡繪圖及設計，如機械構造、創新設計、人體工學設計等。
3. 喜歡藝術品加工造形，如琉璃造形、金屬工藝。
4. 喜歡機械與電機整合應用，如製作機器人、自動化應用等。

(三)機械群各科別主要學習內容與目標及未來發展

科別	主要學習內容與目標	技術士證照
機械科	電腦輔助機械設計（CAD）與製造（CAM），其為價值核心課程，加強學生學習先進數控機械設備與產業接軌。	銑床、車床、機械加工、電腦輔助機械設計製圖
模具科	一般機械及電腦化之機械加工，並應用於模具之設計、製造與產品的大量生產。	銑床、車床、機械加工、模具、電腦輔助機械設計製圖
鑄造科	金屬元件製作、金屬熔鑄、材料檢驗、電腦化輔助繪圖製造、琉璃及金銀細工等課程。	銑床、車床、機械加工、鑄造、金銀珠寶飾品加工、電腦輔助機械設計製圖
板金科	電腦化機械輔助製圖、製造板狀金屬彎折成型、銲接組合、防銹塗裝等技能。	金屬成型、電銲、板金
機械木模科	手工具之基本操作、簡易整體模、分型模、車床之車製、工作圖之畫法、並灌輸學生對機械之設計、精密量測知識與技能。	銑床、車床、機械加工、電腦輔助機械設計製圖
配管科	各種管線及其設備之裝、檢測、維護之基本知能，如消防、水電、瓦斯管線工程、熱水器安裝檢修、營建配管、工業配管、銲接學、電腦繪圖、電腦應用等技能。	自來水管配管、工業用管配管、氣體燃管配管、下水道用戶排水設備配管、特定瓦斯器具裝修
機電科	機電整合自動化技術及數位化生活之基本知識，訓練自動化機械之操作及管理技能。	機電整合、機械加工、氣壓
製圖科	機械工業製圖及設計，以電腦輔助繪圖軟體，讓學生運用電腦資訊能力，模擬機構運作，未來進入大學再繼續精進計算機械結構、應力分析，提高機械設計能力。	電腦輔助機械設計製圖、電腦輔助立體製圖

生物產業機電科	機械、電子、電機和智慧型電腦控制等專業知識，配合生物特性，生長環境與生產處理的需求，並能應用在生物產業的學習領域上。	氣壓、機電整合、機械加工
電腦機械製圖科	由製圖科改名而來，並加強各項電腦繪圖軟體教學，產品實物測繪能力。	電腦輔助機械設計製圖、電腦輔助立體製圖

二、動力機械群科

　　動力機械群科主要是透過汽車、機車引擎的維修、保養、檢查、調整、修理及汽車板金的塗裝、打型等工作技能。

　　畢業後可從事汽機車設計、汽機車維修、汽機車美容、汽機車改良及改裝、汽車鈑金及噴漆、車輛測試、飛行器維修、飛行器裝配、農業機械操作及維修（例如：農耕機操作員）、工業動力機械操作及維修（例如：挖土機操作員、堆高機操作員）等，也可以從事車輛銷售服務、零配件用品批發等行業。有志於擔任公職者可參加普考、高考及公務人員特考等公職考試，或進入國營事業工作等。

(一)就讀的性向、興趣特質

1. 具有機械推理、空間關係、邏輯推理、科學推理等性向者。
2. 具有工業生產、銷售、修理機器、操作機械事務等興趣者。
3. 對空間關係、圖形幾何、電腦繪圖有偏好傾向者。
4. 對機械加工、電子、資訊與控制等工程科技之整合並應用於汽車、飛行器、農業機械、工業動力機械產業有興趣者。
5. 樂觀進取，具有從事設計、製造及銷售領域發展的企圖心者。

(二)具備生活經驗的特質

1. 喜歡機車、汽車、挖土機、飛機、農耕機、火車等。
2. 喜歡動手修理腳踏車、模型車、模型飛機等。
3. 喜歡參觀新車展、改裝車展、航空展等。
4. 喜歡駕駛遊戲，如摩托賽車、跑跑卡丁車、模擬飛行器或是模擬開車等。

(三)動力機械群各科別主要學習內容與目標及未來發展

科別	主要學習內容與目標	技術士相關證照
汽車科	汽車學理、檢驗及維修之基本知識，以培育學生有關汽車裝配、保養及維修之基本技術。	汽車修護、汽車車體板金、車輛塗裝、氣壓、機器腳踏車修護
重機科	重型機械（例如堆高機、挖土機）維護與操作及機電整合與自動化控制之實務知能。	汽車修護、重機械修護—引擎、氣壓、堆高機操作、機電整合
飛機修護科	飛機維修及檢驗之基本知識，以培育飛機裝配、檢驗及保養維修之基本實務技能。	飛機修護、氣壓
動力機械科	各型動力產業機械（例如天車、起重機、運搬機）、機動車輛（例如機車）與壓力容器設備（例如滅菌鍋）之操作維護技能。	汽車修護、氣壓、機器腳踏車修護、重機械修護—引擎、堆高機操作、固定式起重機操作、電腦輔助機械製圖、第一種壓力容器操作
農業機械科	農業機械（例如耕耘機、插秧機）操作及保養維修之基本知識與技能，並培養農場經營管理機械化及農業生產自動化之基礎認知。	農業機械修護、氣壓、機器腳踏車修護、銲接

三、電機與電子群科

電機與電子群科之課程範圍可說是涵蓋了日常生活中所有的物品,包括食、衣、住、行、育、樂六方面都和我們的生活息息相關。從家庭中的電燈開關配線,到家用電器、電子控制裝置、視聽音響、電路板錫銲、電腦組裝及網路應用等,都包括了基本的原理介紹、實務的操作,以及設備故障簡易的診斷和維修。

畢業後可從事半導體產業、電子產業、資訊產業、光電產業、通信產業、冷凍空調產業、自動控制產業、儀器產業及軟體產業等,也可以從事銷售、相關產品及材料供應等行業,或自行創業成立公司。有志於擔任公職者可參加普考、高考及公務人員特考等公職考試,或進入國營事業工作等。

(一)就讀的性向、興趣特質

1. 具有數學推理、空間關係、抽象推理、邏輯推理等性向者。
2. 具有科學、使用電腦、操作電器事務、製作物品等興趣者。
3. 充滿好奇心,對於研究、發想及製造新興科技產品有意願與興趣者。
4. 對電機、電子資訊與控制等工程科技整合、應用在各產業有興趣者。

(二)具備生活經驗的特質

1. 喜歡使用數位娛樂與家電用品,如智慧型手機、遊戲機、平板電腦、冷氣、冰淇淋製作機、電冰箱、智慧型吸塵器等。
2. 喜歡動手安裝數位娛樂產品應用軟體,如手機應用程式、電腦應用程式、電腦作業系統等。
3. 喜歡動手修理與拆解研究家電用品,如液晶電視、吹風機、電鈴等。
4. 喜歡去參觀數位娛樂產品展示會,如資訊展、音響大展、機器人

展、電子遊戲機產業展、行動通訊展等。

5. 喜歡玩娛樂產品，如電玩遊戲、手機遊戲、大型遊戲機及掌上型遊戲機等。

6. 喜歡研究智慧型或自動控制產品且深具好奇及興趣，如紅綠燈控制、大型廣告LED看板、太陽能控制與使用、門禁感應、悠遊卡、網路、智慧型機器人、電腦等。

(三)電機與電子群各科別主要學習內容與目標及未來發展

科別	主要學習內容與目標	相關證照
電機科	室內配線設計、工業配線設計、電機機械、微電腦控制及程式設計等相關實務技術，以培養電機產業之基層技術人員。	室內配線、工業配線、電器修護
控制科	機電整合、可程式邏輯控制、氣液壓控制、工業儀器等相關實務技術整合應用於工廠自動化，以培養自動控制產業之基層技術人員。	機電整合、工業儀器
冷凍空調科	電機機械、數位電路、工業配線、冷凍空調包含各型冷氣機、冰箱及中央空調的結構、原理、安裝與維護的相關實務技術，以培養冷凍空調產業之基層技術人員。	冷凍空調裝修、電器修護
電子科	電子、視聽、工業與數位產品的電路組裝與設計、微電腦單晶片的程式編寫與電路的裝配及測試及程式語言的設計等技術能力，以培養電子產業之基層技術人員。	儀表電子、數位電子、視聽電子、工業電子
資訊科	電腦系統安裝與設定、軟體程式的撰寫、網路系統（Server）安裝與設定、單晶片微電腦控制的程式編寫與電路的裝配及測試等技術能力，以培養資訊產業之基層技術人員。	電腦硬體裝修、電腦軟體設計、網路架設、網頁設計
航空電子科	航空基本電子設備、儀器、通訊導航、介面控制、微電腦周邊設備等之基本知能，以培養航空電子基層技術人員。	飛機修護、通訊技術、儀表電子、數位電子

電子通訊科	電子通訊設備、通訊導航、介面控制之運用、安裝、測試、操作及維修等技術能力，以培養通訊設備基層技術人員。	通訊技術、儀表電子、數位電子

四、化工群科

在於培養實際操作及好奇心旺盛的技術人才，而化工人才更是我國工業不可缺少的一環；對於紡織、造紙、肥料、石化等產業，都有很大的貢獻。實驗室中的攪拌棒、粗鹽或是神奇的水果電池等都能發揮創意。而乳液、化粧水、粉筆、綠油精等更是可實際應用於生活中的技術。

畢業後可從事石油化學、塑膠、橡膠、染整、人造纖維、紡織、成衣、染料製造、塗料、界面活性劑、化妝品、食品化學、冶金、製藥、肥料、造紙、清潔劑等工業。也可以從事精密陶瓷、半導體、高分子材料、生化科技、電子材料、影像顯示領域、精密化工製程領域、高值化科技產業等行業。亦可以自行創業，從事化工相關產品的製造與銷售。有志於擔任公職者可參加普考、高考及公務人員特考等公職考試，或進入國營事業工作等。

(一)就讀的性向、興趣特質

1. 具有知覺速度與確度、數學、邏輯推理、觀察等性向者。
2. 具有科學、機械、工業生產等興趣者。
3. 個人情緒穩定、對事物好奇、具分析能力者。

(二)具備生活經驗的特質

1. 喜歡看科學相關的書籍或節目，會去動手做科學實驗。
2. 喜歡參觀科博館的展示，對科學知識的產生和發展很有興趣等。
3. 喜歡服飾、布料、桌巾、毛巾、紡織品等，會思考生活上所穿衣服的設計、材質、組織和色彩變化。

4. 喜歡參觀服裝布料展、科學工藝博物館的服裝及紡織展等。

(三)化工群各科別主要學習內容與目標及未來發展

科別	主要學習內容與目標	技術士證照
化工科	化工原料和產品性質的分析檢驗與管制以及有關化工機械各式儀表和分析儀器的使用與維護，以培養化學工業的基層技術人才。	化學、化工、石油化學
紡織科	紡織和化工工業相關的基本知識以及因應工業發展之能力和生產操作、維護及檢驗的基本技術，以培養紡紗、織造、針織暨化工等製程的基層技術人才。	化學、化工
染整科	織物之染色、印花、整理加工、染織物檢驗、化學相關實驗的學理與設備之操作、維護及檢驗的基本技能，以培養染整工業的基層技術人才。	化學、化工
環境檢驗科	環境檢驗和品管等的基本知識，訓練環境檢驗及採樣之實用技術，以培養環境檢驗的基層技術人才。	化學

五、土木與建築群科

　　土木與建築群科是以滿足人類追求理想生活環境的需求，創造更安全、舒適、美觀的生活空間為目標。透過課程的安排可以學習到裝潢、砌磚、粉刷、模版、水電及電腦繪圖等實務技巧。

　　畢業後可從事建築繪圖、室內設計、景觀規劃等，也可以從事營造、工程顧問、建設、測量、工程估價等行業，如營建工程技術員、建築繪圖技術員、測量技術員、工程估價管理技術員等。有志於擔任公職者可參加普考、高考及公務人員特考等公職考試，或進入國營事業工作等。

(一)就讀的性向、興趣特質

1. 具數理推理、空間關係、抽象推理、知覺速度與確度、美感等性向者。
2. 具有科學、藝術、領導、個人服務、操作機械事務等興趣者。
3. 個性較為謹慎、獨立、負責、細緻、勤奮、不怕長時間做事。
4. 分析力強且喜歡思考，能在邏輯思考中出現創新的想法。
5. 對物有熱忱，並有良好的空間感。
6. 長繪畫、手工藝、攝影、音樂等美的事物，且總是對新鮮的事物感興趣。

(二)具備生活經驗的特質

1. 對空間構件的組裝具有相當興趣，如幼年以兒童時喜愛堆積木等。
2. 喜歡注意周遭的公共建設及相關建築設施，如圖書館、藝文館、隧道、橋梁等。
3. 喜歡關懷生態環境保護，如濫墾坡地造成土石流、地震損害家園之議題等。

(三)土木與建築群各科別主要學習內容與目標及未來發展

科別	主要學習內容與目標	技術士相關證照
土木科	土木工程設計、施工及建造，訓練繪圖、施工、測量及監造之實用技能，並學習工程管理之相關專業知識與營造法規。	建築製圖應用、測量鋼筋、模板、混凝土、營建防水、營造工程管理
建築科	建築工程之認識及基本操作技藝，課程強調電腦繪圖、手繪與美術、造型設計表現。	建築製圖應用、建築物室內設計、建築物室內裝修工程管理、建築工程管理、泥水、建築塗裝、營造工程管理

科別	主要學習內容與目標	技術士相關證照
消防科	土木與建築及消防工程領域相關基礎知識，具備正確使用、裝置檢修、維護消防設施應用技能，及從事消防工程、土木建築、工程測量等就業及繼續升學能力，以養成合作、服務、尊重制度及良好的職業道德。	建築製圖應用、測量
空間測繪科	土木建築業所需空間測繪技術、空間資訊應用觀念等基本知識。大地開發、地籍管理相關專業知識與土地法規，以培育工程規劃設計、工程測繪及地理資訊應用初級技術人才，及養成良好的安全工作習慣與優良之職業道德。	建築製圖應用、測量

第三節　商業類群

一、商業與管理群科

　　商業與管理群科是現代社會中與生活最相關的職群，舉凡士、農、工、商生產之產品或勞務，均需在市場販賣或提供，而商業與管理職群正提供一個給買賣雙方來達成最後交易的平臺。商業與管理職群內涵在於讓學生熟習簿記流程及商務運作。而學生可配合電腦進行文書處理及運算，更可練習中英打速度；再經由實作課程來了解商店實際經營型態、客戶接待、商品銷售、產品推廣、商品擺設與包裝等。

　　畢業後可從事賣場服務、售貨及行銷、物流、證券、程式設計、貿易等，也可以從事網路開業或商店經營等行業及自行創業。有志於擔任公職者可參加普考、高考及公務人員特考等公職考試，或進入國營事業工作等。

(一)就讀的性向、興趣特質

1. 具有語文推理、數學推理、抽象推理、知覺速度與確度、邏輯推理等性向者。
2. 具有企業事務、銷售、個人服務、能與他人合作等興趣者。
3. 熱心服務，喜歡與他人互動。

(二)具備生活經驗的特質

1. 喜歡聆聽企業成功人士之演講、參與企業之研習等。
2. 喜歡商業類遊戲，比如經營線上商店、餐飲店面等。
3. 喜歡從生活或線上購物中習得相關商業知識。

(三)商業與管理群各科別主要學習內容與目標及未來發展

科別	主要學習內容與目標	技術士相關證照
商業經營科	會計基礎帳務處理、門市服務、商事法規、電腦文書處理、商業相關知識及零售業服務技能，以培養現代化的商業經營人才。	會計事務、會計資訊、門市服務
國際貿易科	國際貿易實務、外語、商業與經濟環境、會計事務、資訊科技應用、行銷與管理等專業知能，以培養國際貿易人員應具備之基礎能力與專業素養。	國貿業務、會計事務、會計資訊、門市服務
會計事務科	記帳、出納之會計事務、商業會計法令、統計分析、銀行帳務處理、會計資訊系統操作以及稅務處理等會計實用知能。	會計事務、會計資訊、門市服務
資料處理科	電腦硬體、網路原理、軟體操作、多媒體製作、程式設計、商業知識、會計實務等相關知能。	電腦軟體應用、電腦軟體設計、網頁設計、會計事務、會計資訊
電子商務科	記帳、電腦基礎作業、網站架設及管理應用，以培養金融作業、銷售、商業及管理基礎能力。	電腦軟體應用、電腦軟體設計、網頁設計、會計事務、門市服務

流通管理科	物流管理、商業自動化及企業經營基本知識，以及電腦應用與資料庫之操作。	電腦軟體應用、門市服務、網頁設計、會計事務、會計資訊
航運管理科	現代化的商業經營與管理知識，兼備商業與航運業專長，熟悉經營學理和實務操作能力。	電腦軟體應用、網頁設計、會計事務
農產行銷科	基礎記帳、簡易財務報表分析、行銷管理、農產品行銷、電腦文書處理及電子商務之操作。	會計事務、電腦軟體應用
不動產事務科	不動產事務之基本知識，以培養不動產事務之作業與管理基層人才。	會計事務、電腦軟體應用、門市服務、會計資訊
水產經營科	漁業生產的基本知能，以培養海事及水產業之生產、服務及經營管理等基層人員。	會計事務、電腦軟體應用、門市服務
文書事務科	有關文書事務之基本知識和實用技能，以培養各企業所需的商業文書處理與管理之基層人員。	會計事務、電腦軟體應用、網頁設計

二、外語群科

學生畢業後可從事英文教學、日文教學及工商業等行業。如秘書、助理、業務人員、航空公司之空服員、櫃臺服務員、旅行社導遊人員及領隊人員或觀光飯店之服務業人員等。有志於擔任公職者可參加普考、高考及公務人員特考等公職考試，或進入國營事業工作等。

(一)就讀的性向、興趣特質
1. 具有語文推理、知覺速度與準確及美感等性向者。
2. 具有企業事務、銷售、個人服務及喜歡與他人互動等興趣者。
3. 願意嘗試，勇於開口練習。

4. 有耐心，願意查字典及背誦單字。

5. 課餘時間有意願或動機接觸國際文化、影集、影片、歌曲等資訊。

6. 有興趣接待國外赴臺交流學生或赴國外交流或實習擔任志工，擴大視野、培養國際觀，訓練全方位表達能力。

(二)具備生活經驗的特質

1. 喜歡看外國影集、聽外語歌曲、瀏覽外語網站、閱讀外語報章雜誌及原文小說，對外國文化有濃厚興趣等。

2. 喜歡學習外語單字及字彙，對語文有強烈的學習動機。

3. 喜歡參觀外國文化之相關展覽或參加外語相關活動、競賽等。

(三)外語群各科別主要學習內容與目標及未來發展

科別	主要學習內容與目標	相關證照
應用外語科（英文組）	英語文聽力、口說、閱讀、寫作能力、基礎商業知識及電腦文書處理，以培養學生擔任外語相關產業之初級技術人員，並能勝任外語領域相關之工作。	全民英檢（GEPT）、多益（TOEIC）、中文、英文書處理證照
應用外語科（日文組）	日語文聽力、口說、閱讀、寫作能力、基礎商業知識及電腦文書處理，以培養學生擔任外語相關產業之初級技術人員，並能勝任外語領域相關之工作。	日本語能力檢定（JLPT）、中文、英文、日文文書處理證照

三、設計群科

設計就是依靠個人的創意思考來展現產品的特色。隨處可見的宣傳海報、標語旗幟或是造型多變的玩具飾品等，都是仰賴具有設計專長的人才

來製作的。對於色彩配置、素描技法或是設計創造有興趣的學生，都很適合就讀設計職群。在設計職群中可充分發揮個人創意於攝影、印染、模型製造等作品中，學生更可以配合電腦進行繪圖和產品設計。

　　學生畢業後可從事廣告設計、包裝設計、展示設計、編輯設計、印刷設計、媒體設計、產品設計、家具設計、工藝設計、模型製作、建築設計、室內設計、景觀設計、展演（舞臺、展示）設計、多媒體設計與應用等行業。有志於擔任公職者可參加普考、高考及公務人員特考等公職考試，或進入國營事業工作等。

(一)就讀的性向、興趣特質

1. 具有空間關係、抽象推理、知覺速度與確度等性向者。
2. 具有藝術、銷售、機械等興趣者。
3. 重視美感與生活品味的個人，並具備基本美學觀念。
4. 有個人想法與特質，渴望將無限創意表現出來的人。

(二)具備生活經驗的特質

1. 喜歡繪圖、手作、雕塑等，並習慣用圖像思考。
2. 喜歡參觀美術或設計相關展覽，對色彩敏感度高，重視畫面的協調性。
3. 喜歡攝影、影音媒體，且關心流行訊息。

(三)設計群各科別主要學習內容與目標及未來發展

科別	主要學習內容與目標	技術士相關證照
美工科	有關美術工藝與設計之實用技術與基本知識，訓練養成美工設計的專業技能。	視覺傳達設計、印前製程、網頁設計、網版製版、網版印刷
家具木工科	生產操作、製程安排及繪圖之實用技能，傳授家具製作及生產管理之相關專業知識。	視覺傳達設計、家具木工

陶瓷工程科	有關陶瓷及設計之基本知識與實用技能，使學生具備陶瓷製作、量產、施釉、燒製各方面的能力，結合設計理論並且能實質運用在產品設計與藝術創作等相關領域。	視覺傳達設計、陶瓷石膏模
家具設計科	家具設計美學素養、家具識圖、手繪製圖及電腦繪圖、模型製作及家具製作之基本專業能力。	視覺傳達設計、家具木工
金屬工藝科	金屬工藝作品之製作、設計的相關知識與技能，訓練金屬工藝創作技巧。	視覺傳達設計、金銀珠寶飾品加工
室內設計科	室內設計的基本和專業知識的技能，使具有室內設計圖面繪製與模型製作能力，作為進階專業室內設計教育或相關類科做養成準備。	視覺傳達設計、室內設計
廣告設計科	有關廣告設計之實用技術，培養商品行銷與視覺傳達、平面廣告、媒體、廣告影片等相關設計與製作知能。	視覺傳達設計、印前製程、網頁設計、網版製版、網版印刷
圖文傳播科	圖文傳播行業之基本知識，了解整個印前製作、印刷流程及圖文傳播設備操作之實用技能。	視覺傳達設計、印前製程、網頁設計、攝影、網版製版、網版印刷
多媒體設計科	有關多媒體設計之實用技術與基本知識，培養多媒體設計、數位設計與視覺傳達等相關之設計與製作知能。	視覺傳達設計、網頁設計、攝影
室內空間設計科	專業設計製圖觀念、識圖及整合性的空間使用方式與空間設計的基本知識。	視覺傳達設計、室內設計
多媒體應用科	影像處理、影音後製、動畫與網頁製作等專業技能；輔以行銷、行銷企劃相關課程。	視覺傳達設計、網頁設計、攝影

第四節　農業類群

一、農業群科

農業在國人的生活中有其存在的意義和價值，日常生活所需要的糧食、蔬菜、水果等，沒有一項不是來自於農業的生產。課程中除了農業相關的知識與特性，還包括了現在最流行的有機農產品種植的課程。有機指的是完全不使用化學成分，利用自然資源，以兼顧生產與生態環境保育之農業生產方式，結合傳統與現代技術來造福人群。

畢業後可從事農場經營、種苗場、園藝、造園景觀設計、生態保育、休閒農業、測量、環境評估、獸醫、畜牧養殖、動物園、飼料生產、食品加工、木材加工、家具製作、植物病理藥品、動物藥品等行業。有志於擔任公職者可參加普考、高考及公務人員特考等公職考試，或進入國營事業工作等。

(一)就讀的性向、興趣特質

1. 具有數學推理、抽象推理、邏輯推理、觀察、創意等性向者。
2. 具有愛好自然、戶外活動、動植物、科學、機械等興趣者。
3. 對農業科技、農業經營、環境保護、自然資源永續利用等領域有企圖心。

(二)具備生活經驗的特質

1. 喜歡觀察、種植花草蔬果，喜歡動手栽種收成。
2. 喜歡觀察照顧動物，有飼養寵物、昆蟲的經驗。
3. 喜歡親近自然，如參與環境綠美化、植物布置、花卉博覽會、農業博覽會、休閒農場觀光、開心農場等活動。

(三)農業群各科別主要學習內容與目標及未來發展

科別	主要學習內容與目標	技術士證照
農場經營科	各種作物之生產及栽培管理、農業資源之應用，農業經營與行銷知識，認識農業未來趨勢，使學生將來能從事有關農園生產、作物栽培管理、環境資源管理、農產利用行銷等工作。	農藝、園藝、中式米食加工
園藝科	各種作物之生產及栽培管理、造園景觀設計及施工，農業行銷知識及加工利用技能，認識農業未來趨勢，使學生將來能從事有關農園生產、作物栽培管理、花藝設計、農產利用行銷、景觀設計施工等工作。	園藝、造園景觀
造園科	造園景觀繪圖、造園景觀施工、園藝操作技術、農園場實務實習、植物材料利用、造園設計、電腦繪圖等相關知識，使學生將來能從事有關栽培作物、景觀繪圖、造園設計及施工等實務工作，培養造園景觀基礎人才以投入職場。	造園景觀、園藝
森林科	森林資源保育利用及經營管理，課程為林業科學理論與實務技術的配合，順應林業發展趨勢，導向森林保育、森林經營、森林公益效用、環境綠美化、森林遊樂、生物科技及農業資訊處理的範疇，使學生將來從事林業工作時能學以致用，朝向多元化及永續經營發展。	測量、家具木工
畜產保健科	畜牧與動物保健專業知識與技能，如雞、豬、牛等之飼養管理經營、飼料製造品管、畜產品利用與品管、禽畜汙染防治技術；獸醫學基礎知識，如獸醫理論課程、禽畜解剖。目標在於培養學生敬業樂群與尊重生命的專業精神與職業道德，成為符合時代需求之畜產保健人才。	水族養殖、肉製品加工其他證照：寵物美容
野生動物保育科	包含獸醫學基礎知識、生命科學、應用動物學、環境生態學、野生動物經營管理、自然保護區管理等。以培育生物資源管理與應用之技術人才為目標。	水族養殖、園藝其他證照：寵物美容

二、食品群科

　　日常生活中最息息相關的就是食品，從食品原料到製造過程，甚至是包裝都是不可少的。食品種類繁多，有調理食品、休閒食品、健康食品等，透過食品職群的實物接觸和教學，在活潑多樣的課程中，有親手烘焙食品、調製果汁飲料等實作課程。

　　畢業後可從事食品製造業、食品檢驗與餐飲服務等行業。如烘焙食品、乳品製造、罐頭食品、冷凍食品、脫水食品、醃漬食品、糖果製造、製油、製粉、調味品製造、飲料製造、食品安全檢驗等從業人員。有志於擔任公職者可參加普考、高考及公務人員特考等公職考試，或進入國營事業工作等。

(一)就讀的性向、興趣特質

1. 具有語文推理、數學推理、邏輯推理、創意等性向者。
2. 具有工業生產、科學、藝術、機械操作等興趣者。
3. 對食品生產加工有興趣，有意深入了解食品製程及特性，且有製作開發意願。
4. 對食品營養保健有興趣，有投入從事營養食品、生技食品領域等傾向者。

(二)具備生活經驗的特質

1. 喜歡下廚，動手製作食品與親友分享，如麵包、蛋糕、中西點烘焙。
2. 喜歡接觸了解食品保健知識，如食物營養、食品安全、保健食品等。
3. 喜歡參加食品展、烘焙展、中西點麵食展或相關體驗活動，對吳寶春的奮鬥故事、烘焙王、西洋古董洋菓子店等故事心生嚮往。

(三)食品群各科別主要學習內容與目標及未來發展

科別	主要學習內容與目標	技術士證相關證照
食品加工科	各式食品相關之知識與技能，包括；穀類果蔬畜產等食品加工、烘焙食品、食品檢驗分析、食品添加物、食品安全與衛生、生物技術等，以培養現代化食品實用技術人才為目標。	烘焙食品、肉製品加工、中式米食加工、中式麵食加工、水產食品加工、食品檢驗分析、食品用金屬罐捲封
水產食品科	水產食品製造、水產微生物學、冷凍冷藏學、穀類果蔬畜產等食品加工、烘焙食品、食品檢驗分析、食品安全衛生等，以培養發揮本地水產特色之現代化食品實用技術人才為目標。	水產食品加工、食品檢驗分析、烘焙食品、食品用金屬罐捲封、中式米食加工、中式麵食加工、肉製品加工
食品科	食品專業課程如食品概論、食品衛生安全、食品加工（含實習）、食品化學與分析（含實習）、食品微生物學（含實習）；營養專業課程如營養學、中餐烹調、膳食計畫與供應等，以培養現代化食品實用技術人才為目標。	烘焙食品、食品檢驗分析、食品用金屬罐捲封、肉製品加工、中式米食加工、中式麵食加工、水產食品加工
烘焙科	烘焙食品相關之知識與技能，包括；烘焙食品、穀類果蔬畜產等食品加工、食品添加物、食品安全與衛生等，以培養烘焙食品實用技術人才為目標。	烘焙食品、中式麵食加工、中式米食加工、食品檢驗分析、食品用金屬罐捲封、肉製品加工、水產食品加工

第五節　家事類群

一、家政群科

　　香噴噴的烹飪課，不論是米麵食類、蔬菜類、肉類、蛋類，甚至海鮮，在修讀完家政職群後，就可以學習到拿手好菜了。在家政職群課程安排上，除了烹飪，還包括幼保、服裝、美容、美髮等，舉凡在家庭生活中所接觸到的每一件事，可以說均與家政有關。家政群科教導含括均衡的飲食、維持身體的健康、美好的穿著打扮等。

　　畢業後可從事餐飲服務、食品加工、服裝設計、幼兒保育、彩妝美容、媒體公關、整體造型、髮型設計等行業。有志於擔任公職者可參加普考、高考及公務人員特考等公職考試，或進入國營事業工作等。

(一)就讀的性向、興趣特質

1. 具有空間關係、創意、美感等性向者。
2. 具有藝術、銷售、個人服務等興趣者。
3. 具有友善、善體人意、能與他人合作的人格特質。
4. 具有個人想法與特質，渴望將創意表現出來。

(二)具備生活經驗的特質

1. 喜歡流行時尚，如彩妝、美髮造型、服飾搭配。
2. 喜歡繪圖及設計，如服裝、飾品設計及製作。
3. 喜歡DIY物品，如手工藝品製作、彩繪物品、手織圍巾。
4. 喜歡烹飪，如料理簡單食材、製作小點心等。

(三)家政群各科別主要學習內容與目標及未來發展

科別	主要學習內容與目標	技術證相關證照
家政科	家政管理、家事工藝、服裝製作、烹飪、餐旅服務等基本知識能力。	中餐烹調、西餐烹調、餐旅服務、飲料調製
服裝科	服裝設計及製作的實用技能，並培養服飾行銷及經營之基本知識能力。	女裝、金銀珠寶飾品加工
幼兒保育科	嬰幼兒保育實用技能、幼兒活動設計、樂器學習、幼兒教具製作等基本知識能力。	保母人員、服務照顧員
美容科	彩妝造型、美膚、美髮、美顏實務、流行配飾設計、藝術指甲等課程，培養學生美容、美髮專業知識與技能。	美容、女子美髮、男子理髮
時尚模特兒科	舞蹈基礎訓練、舞臺表演訓練、韻律美姿、國際禮儀、儀態學、公共關係管理等全方位課程。	美容
流行服飾科	服裝設計及製作的實用技能，並培養服飾行銷及經營之基本知識能力。	女裝、金銀珠寶飾品加工
時尚造型科	彩妝造型、美膚、美髮、美顏實務、流行配飾設計、藝術指甲等課程，培養學生美容、美髮專業知識與技能。	美容、女子美髮、男子理髮

二、餐旅群科

餐旅群科在培養具有世界觀及本土特色的餐旅人才，親切自然的笑容、處處為別人著想，是餐旅服務最基本的要求。在旅館客房教學項目中，包含了準備工作車、計算布巾數、舖設加床、整理單人床等。在餐廳項目中則是包含了辨別菜單、選擇餐具、清潔、保養餐具、架設餐桌、滾動圓桌面以及其他相關工作，同時也能學習各種餐飲製作的方法。

畢業後可從事旅館業（旅館接待員、房務人員）、航空業（空服員、機場地勤服務員）、旅行業（觀光導遊、領隊、解說員）、餐飲業（廚

師、餐飲服務員）等行業。有志於擔任公職者可參加普考、高考及公務人員特考等公職考試，或進入國營事業工作等。

(一)就讀的性向、興趣特質

1. 具有語文推理、數學推理、空間、觀察、美感、創意等性向者。
2. 具有個人服務、銷售製作物品等興趣者。

(二)具備生活經驗的特質

1. 喜歡動手製作中餐烹飪、西餐烹飪、烘焙食品、飲料調製、點心製作等。
2. 喜歡參觀美食展、旅遊展等。

(三)餐旅群各科別主要學習內容與目標及未來發展

科別	主要學習內容與目標	相關證照
餐飲管理科	餐旅管理、餐飲衛生安全、採購學、食物學、餐飲實務、餐旅服務技術、中餐烹調、中式點心、烘焙、西餐烹調等全球化餐飲經營管理知能。	技術士證：中餐烹調、西餐烹調、烘焙食品、餐旅服務、飲料調製、中式米食加工、中式麵食加工。 其他證照：全民英檢（GEPT）、中、英文書處理證照。
觀光事業科	餐旅日語會話、遊程設計、解說教育、旅館管理、餐飲實務、客房實務、生態保育實務、世界旅遊資源、觀光概論等培養旅遊觀光基層之專業人員且提升觀光旅遊實務知能。	技術士證：餐旅服務、飲料調製。 其他證照：領隊、導遊人員、全民英檢（GEPT）、中、英文書處理證照、多益（TOEIC）、日本語能力試驗（JLPT）。

第六節　海事水產類群

一、海事群科

　　海事群科在培養具有海運科技所需技術人才，擁有專業的駕艇技巧、熟練的海釣技術、視圖及判斷方位能力，並加上基礎的電學知識，才能在廣大的海域中生活，進而成為獨當一面的航海王。

(一)就讀的性向、興趣特質

1. 具有空間關係、機械推理、知覺速度與確度、科學推理等性向者。
2. 具有工業生產、修理機器、操作機械事務等興趣者。
3. 樂觀積極、精力充沛、刻苦耐勞、喜愛海洋，具有領導者的特質以及「人生以服務」為目的價值觀。

(二)具備生活經驗的特質

1. 喜歡獨立完成他人交辦事項。
2. 喜歡手工藝DIY或組裝模型，像是樂高、航空模型、紙模型、船模等。
3. 喜歡戶外性活動且不害怕搭船，特別是對接觸海洋與各類水上活動充滿好奇心，也會欣賞各種大小型船舶，包含遊艇、商船、貨輪等。

(三)海事群各科別主要學習內容與目標及未來發展

科別	主要學習內容與目標	相關證照	1. 就業發展
航海科	船舶駕駛技能、航儀操控等航海技術，使船舶能穩定航行，安全到達下一個目的港口，達到海上運輸之功能，以培育現代商船之基層技術人才為目標。	航行員、船員基本訓練證書（新四項基本訓練）	1. 私人船運公司、貨運承攬公司、貨櫃運輸公司、港口裝卸公司技術人員。 2. 高職航海特考及格可由船副、大副晉升至船長。
輪機科	船舶機械之操作及電機設備之控制與維護，維持船舶主機、輔機穩定運轉，使船舶能安全的航行於海上。	艤裝技術證 其他證照： 1. 輪機員 2. 船員基本訓練證書（新四項基本訓練） 3. 焊接 4. 機械加工	航運公司服務、機械加工廠、鍋爐焚化爐工廠、汽電共生業技術維修、船廠、遊艇、漁船維修業、船用引擎、汽車引擎維修保養、商船輪機員、造船廠、石化廠技術人員。
升學進路	可升讀大學校院相關科系，例如：航運技術系、輪機工程系、航運管理系、機械工程系、海洋與邊境管理學系等。		

二、水產群科

　　水產群科在培養具有研究精神與管理經營理念的水產養殖人才，在工作中有如醫生一般，對水中生物進行培育及改良的工作，因此愛心及耐心更是在水產群科中不可或缺的條件。在水族箱造景教學項目裡，包含了水草栽培、水溫控制、水族箱布置與規劃、觀賞魚的配種與繁殖等，使學生在進行水族箱的造景時，亦能同時了解如何保護環境，讓水中生物能永續生存。

　　畢業後可從事水產養殖業、水產飼料業、水產藥品業、水產食品加工業、水族量販業等行業，也可以從事海洋漁業，例如：漁船航行人員、漁

船船員、自營漁船，以及休閒漁業，例如：自營潛水、釣具行、生態旅遊導覽人員。有志於擔任公職者可參加普考、高考及公務人員特考等公職考試，或進入國營事業工作等。

(一)就讀的性向、興趣特質

1. 具有機械推理、邏輯推理、觀察等性向者。
2. 具有科學、機械、銷售、接觸動物等興趣者。

(二)具備生活經驗的特質

1. 喜歡觀察自然生態及水中生物等。
2. 喜歡接近生態資源及水中資源等，例如旅遊、釣魚，
3. 喜歡動手整理水族箱、種植水草、飼養魚、蝦、貝類等。

(三)水產群各科別主要學習內容與目標及未來發展

科別	主要學習內容與目標	相關證照
水產養殖科	水產養殖學、水生生物學、餌料生物學、水產生物疾病學、生態學等基本知識與技術，以加強學生實務能力，並培養水產養殖經營管理之知能。	水族養殖技術證、水產養殖技師
漁業科	漁具漁法、栽培漁業、漁業管理、船藝、航海等漁業、航海技術之知識與技能，培養永續海洋生態觀點，培育漁業資源之開發應用及經營管理基層人才。	1. 漁船船員基本安全訓練 2. 漁撈技師 3. 漁航員

第七節　藝術類群

畢業後可從事藝術專業創作、管理，以及傳播、藝術與文化創意等相關行業，例如電影場務人員、電視臺工作人員、劇場工作或管理人員、舞臺設計助理、演員、歌手、樂團、攝影師、調音師、錄音師、剪接師、

助理導演（播）人員、產品設計人員、室內設計人員、美術設計人員、漫畫家、藝術工作者、舞蹈工作者、音樂工作者、經紀人等。有志於擔任公職者可參加普考、高考及公務人員特考等公職考試，或進入國營事業工作等。

一、就讀的性向、興趣特質

1. 具有空間關係、觀察、美感、創意等性向者。
2. 具有藝術、想像、美感、喜歡藉由藝術作品表達自己等興趣者。

二、具備生活經驗的特質

1. 喜歡色彩、設計、材料與媒材的運用，如畫畫、製作手工藝品、動畫等。
2. 喜歡展現自我風格與創意，如唱歌、音樂、樂器、表演、跳舞、舞臺劇、拍影片等。

三、藝術類群各科別主要學習內容與目標及未來發展

科別	主要學習內容與目標	相關證照
戲劇科	專業理論課程：戲劇、影音概論、劇本導讀、導演、編劇等。 專業技術課程：基礎表演、表演方法、唱腔與身段、走秀主持、舞臺語言、配音、影音剪輯、短片、燈光音響、攝錄影、節目企劃與設計、國術武功、雜耍、展演等。	
音樂科	音樂科：中小提琴、西洋音樂史、合奏、和聲學、長笛、室內樂、聲樂、專業藝術概論、藝術欣賞、音樂基礎訓練等課程。 應用音樂組：著重電腦音樂工程詞曲創作、音效配樂、流行樂團、樂理基礎。	鋼琴檢定

舞蹈科	舞蹈藝術專業知識養成：芭蕾舞、現代舞、中國舞蹈、舞蹈即興、動作分析、化妝造型與設計、展演實務、藝術欣賞、音樂等及相關專業理論課程。	
美術科	純美術、應用美術、電腦繪圖、藝術概論、藝術與科技、藝術欣賞、展演實務、中西洋美術史、水墨書法、電腦繪圖、色彩學、素描、水彩、油畫、基礎設計、視覺設計、專題製作等。	視覺傳達設計技術證、網頁設計技術證
影劇科	表演藝術組：幕前表演及幕後製作，包括與表演相關音樂、舞蹈、美術、戲劇等幕前的表演訓練以及幕後的攝錄影、化妝造型、燈光、剪輯、編導等跨領域的藝術學習。 大眾傳播組：影音傳播及相關領域理論，透過影像、聲音等視聽傳播之能力技術訓練，加強基本影音創意設計之美感養成。	攝影技術證
西樂科	音樂表演及創作的基本知識、訓練音樂表演技能和培養創作能力、涵養音樂鑑賞能力和藝術職業道德，例如音樂學理、和聲學、音樂基礎訓練、音樂欣賞、藝術概論、中國音樂史、西洋音樂史等理論性課程，計分管樂、弦樂、敲擊、理論、聲樂等。	鋼琴檢定
國樂科	除音樂基本訓練課程外，國樂樂器、民族樂器學、地方音樂、中國音樂史等。	
電影電視科	肢體展現（例如：流行街舞、武功身段）、樂器演奏、攝錄影實務、剪輯、化妝造型、節目製作與設計、導演、舞臺布景設計、化妝造型、燈光音響技術、導演、劇場行政等。	攝影技術證、街頭藝人認證
表演藝術科	舞蹈、歌唱、戲劇等舞臺表演，例如肢體展現、流行街舞、樂器演奏、武功身段、主持表演、歌唱創作、流行舞蹈、幕後製作實務操作、藝術行政管理、化妝造型等。	街頭藝人認證
多媒體動畫科	色彩原理、繪畫基礎、網頁設計、電腦繪圖、數位攝錄影、多媒體製作、動畫等，並輔以數位、美術、音樂、戲劇、舞蹈等課程。	視覺傳達設計、網頁設計
時尚工藝科	以產品設計、創意造型設計、琉璃工藝、金屬工藝、陶瓷工藝、基礎造型設計，例如金屬表現技法、立體造型、流行飾品設計、展演實務、藝術與流行設計、專業藝術概論、立體造型等。	視覺傳達設計技術證

第四章　技職教育行政體系

　　教育是人類發展或進步所不可或缺的要素或動力，二十一世紀，不論國內外，都強調學習社會的建立。教育政策的訂定、教育目標的達成、以及教育機構的運作，都有賴於教育人員及教育行政人員。

第一節　教育行政

　　教育行政是處理教育人、事、物的職責與過程，目的在提升教育組織的效能與效率，而教育行政學則是探究教育行政人事物的基本概念、原理原則、有效方法以及發展趨勢的一門學問。

一、教育行政

　　教育行政是國家設置行政機關、學校、社會教育機構和人員，依法授其職權，對主管教育事務和教育活動，藉研究、計畫、執行及評鑑等行政歷程，以組織、領導、溝通、協調、倡導、關懷、和激勵等行政行為，發揮行政功能，執行行政政策，提高行政績效，以完成行政任務和實現國家預期的教育目標。

(一)教育行政意義

　　教育行政發展，可追溯自二十世紀初的科學管理時期。近年來，教育改革運動風起雲湧，如何提升教育行政運作的效率與效能，成為教育改革成敗的關鍵。換言之，教育行政工作者在面對新的問題與挑戰時，能否正確掌握最新的行政概念和原理原則，並運用適當的方法加以分析與解決，關係教育革新的成敗。

　　教育行政是政府組織之一環，為因應新世紀政府再造及加入國際貿易組織（WTO）後的競爭與挑戰，提升教育行政品質與效能，為教育改革的重點。

　　教育行政乃是一利用有限資源，在教育參與者的互動下，經由計畫、協調、執行、評鑑等步驟，以解決教育問題，並達成最高效率為目標的連

續過程。教育行政即是教育人員在階層組織中,透過計畫、組織、溝通、協調與評鑑等歷程,貢獻智慧,群策群力,為圖教育的進步所表現的種種行為(黃昆輝、張德銳,2000);教育行政是運用有限資源,在教育參與者互動下,經由計畫、協調、執行、評鑑等步驟,管理教育事業,有效解決教育問題為目標的連續過程。教育行政有以下意義(黃昆輝、張德銳,2000):

1. 教育行政運作中需要資源的投入,教育行政必須有預算制定。
2. 教育參與者主要為校長、各級行政者、教師與學生,尚包括家長、教育專家,甚而一般社會大眾。
3. 教育行政的運作首先必須計畫,接著要各參與者進行溝通與協調。
4. 教育行政的目的在「有效率」的管理教育事業。

(二)教育行政要點

　　教育行政是在教育情境及問題限定之下,透過計畫、組織、領導及評鑑等活動以完成教育目的的連續歷程,教育行政是對教育事務的管理,以求有效而經濟的達成教育的目標。包括四項要點(謝文全,2002):

1. 教育行政的管理對象是「教育事務」。
2. 教育行政是對教育事務的「管理」。
3. 教育行政的目的在「達成教育的目標」。
4. 教育行政應「兼顧有效及經濟」。

(三)教育行政功能

　　教育行政事務範圍甚廣,其內容主要含括三方面:教育行政組織、教育行政行為、教育行政工作。教育行政存在的價值,在於為教育界服務,為師生提供最好的學習環境,其主要功能在於(黃昆輝、張德銳,2000):

1. 制定教育政策,推展教育活動。
2. 提供支援服務,增進教育效能。
3. 評估教育成效,改進教育事業。

4. 引導研究發展，促進教育革新。

二、教育行政制度

我國教育行政組織向來是內部穩定性較高、外侵因素較少的組織。隨著人類知識的推衍與科技資訊的創新，加上政治日趨民主化，經濟講求市場化，社會上教育改革與鬆綁的呼聲不斷等，今日的教育行政組織、學校制度與管理所面臨的環境已截然異於往昔，制度與環境中所隱含的不可預測性及複雜性已達相當激盪的程度。

(一)教育行政制度

教育行政制度和政治制度有密切的關係。中央集權的國家，教育行政制度大都採用「中央集權制」，如法國的教育行政制度；地方分權的國家，教育行政制度大都採用「地方分權制」，如英國、美國的教育行政制度。我國的教育行政制度，則折衷於二者之間，採用「均權制」。

我國的教育行政制度分爲中央、省（市）、縣（市）三級。中央爲教育部，管理全國學術及教育行政事務；省以前爲教育廳已經虛級化，歸屬教育部國民及學前教育署；縣爲教育局，辦理縣教育事務；院轄市爲特種組織，設立市教育局。

(二)學校制度

制度（system）則是指由一群相互依存或相互作用的項目，根據一定的規則，所組成的一個統一的整體。學校制度主要目的在因材施教。學校制度是指由個別學校組織成之系統，系統內各學校之間必須有其互相關係，上下銜接，左右連貫；並且在個別學校內有一定組織、課程與教學規準，使得學生能在學校內接受教師指導，運用學校設備，以利個別學校教育的實施，並在規定修業年限下接受各級教育。包含：

1. 人：指教師、學生、行政人員等。
2. 物：指校舍、校地、設備、儀器、設備等。

3. 事：指進行教學活動、社團活動、儀典等。

(三)各國學制

1. 美國：為單軌學制、綜合中學與初級學院的設置特色。
2. 英國：一為公學（Public School）；二為普通教育證書考試（General Certificate of Education）制度特色。
3. 法國：為高等專門學校（Grandesecoles）的設置及大學技術學院的設立特色。
4. 德國：多軌學制為其特色，在中等教育階段內，設立各種性質學校，來適應中學生不同需要。
5. 日本：現行學制為歐洲、美洲學制之揉合。初等教育、中等教育、高等教育等各階段學校制度主要以美國學制為藍本。中等教育採歐洲多軌之方式，制度上雖維持綜合高等學校面貌，實際上卻是一校多科制，而非綜合制學程。

三、我國學制

　　我國學制主要仿效歐美學校。新式學校制度建立，肇始於光緒28年（1902）的「欽定學堂章程」和29年之「奏定學堂章程」，直接沿襲自日本，間接仿自德國、法國。民國11年模仿美國學校「六、三、三、四」新學制，民國18年以後教育部更陸續制訂各級學校組織章程，民國57年興辦九年國民義務教育，103年開始十二年國民基本教育。

(一)綜向系統

1. 學前教育：幼兒園以上至6足歲以下之兒童為受教對象，包括幼兒園與托兒所。
2. 國民教育：包括國民小學和國民中學，從6到15歲。屬於基本教育、義務教育。依據「國民教育法」規定，學區分發入學、及齡學童必須強迫入學接受國民教育。

3. 高級中等教育：從15到18歲。包含高級中學、綜合高中、高級職業學校，完全中學、科學、藝術、語文和體育等單科高中含五專前三年。

4. 高等教育：分為專科學校（三專、五專、二專）、技術學院、一般大學、科技大學與大學的研究所（碩士、博士班）三種。

5. 師範教育：國立師範大學、大學附設師資培育中心或教育學程中心為中等及國民教育師資培育場所。

6. 特殊教育：對身心異常兒童及青年，設立特殊教育學校。

7. 社會教育與擴充教育：運用各級補習學校、空中學校及社會教育機構，使全體國民，有繼續進修或再教育之機會。

(二)橫向系統

1. 普通教育體系：第一教育國道，偏重學術理論研究，如高中、大學及研究所。

2. 技職教育體系：第二教育國道，應用科學與技術，隨國內經濟產業升級改變結構、建立技職教育體系。高職、專科、技術學院、科技大學。

3. 補習及進修教育：第三教育國道：含括國民補習教育、進修補習教育（高中、專科、大學）、短期補習教育（技藝、文理、社區大學、常青學苑等）、空中大學教育等。

4. 特殊教育體系：包括資賦優異和身心障礙。特殊學校、班級及資源班等，實施於學前教育階段、國民教育階段、國民教育階段完成後等。

(三)我國學制特徵

1. 具備單軌學制精神。

2. 以六三三四學制為原則：國民小學六年，國民中學三年、高級中學三年、高等教育四年為主。

3. 公私立學校並存：國民中小學起，直至高中職校、大專院校等，

公私立並存。

4. 高級中等教育開始分流：分設高中、高職、綜合高中、實用技能班、專科學校等。

5. 正規學制外輔以進修、補習教育，實現教育機會均等。

6. 高中職以下入學有年齡規定，專科以上沒有年齡之限制。

7. 入學方式多元：幼兒園採自由入學，國民中小學屬義務教育採強迫入學，高中職校為基本教育採多元入學並以免試為主，包括聯合登記分發、申請、甄薦甄選等。

(四)學制發展趨勢

1. 學前教育：幼兒園與托兒所逐漸成為正式學制的一部分；學前教育與初等教育階段相互銜接。

2. 國民教育：修業年限由六年而九年，已延長為十二年。

3. 高級中等教育：前期中等教育逐漸統一成為義務教育的一部分；後期中等教育綜合化；重視職業教育的生涯規劃。

4. 高等教育：就學機會的擴充；各種評鑑指標出現；研究所進修人口驟增；高等教育無國界。

5. 特殊教育：融入教育，回歸主流，重視技能培育與轉銜教育。

第二節　教育行政組織

一、教育行政內涵

　　教育行政，顧名思義，是指國家對教育事業的行政而言。教育行政乃是教育人員在上司和下屬的階層組織中，透過計畫、組織、溝通、協調與評鑑等科學歷程，貢獻智慧，群策群力，為促進國家教育事業發展、達成教育目標所表現的種種行為。主要內涵（黃昆輝、張德銳，2000）：

(一)教育行政是計畫、組織、溝通、協調、評鑑的歷程

教育行政乃是一種連續不斷的程序，包括下列必經的步驟：

1. 計畫：指以審慎的態度和方法，預先籌謀並決定做何事及如何做，以求經濟而有效地達成預定目標。此一步驟可分為：
   (1)對於應行採取的措施作一原則性的決定；
   (2)規劃執行上述原則性決定的實施方案；
   (3)將實施方案進一步加以發展，使之轉化為具體的行動設計。
2. 組織：為實現計畫，必須建立組織，始能結合人力，運用物力。組織階段包括四項工作：
   (1)建立組織的結構；
   (2)明定各部門、各職位的權責；
   (3)依據職責遴選人員；
   (4)分配物質資源。
3. 溝通：組織一旦建立之後，教育行政主管即應與僚屬進行溝通，主要目的：
   (1)建立對計畫要旨有共同的看法與了解；
   (2)研討確定執行的要領。
4. 協調：各單位及各成員共同執行計畫時，在消極方面，應儘量避免彼此間之衝突，否則容易相互抵消力量；在積極方面，應促成單位成員間的相互合作，彼此密切配合，這就有賴協調的實施。
5. 評鑑：教育行政工作經計畫及執行之後，即應進行評鑑，以了解其得失，作為改進及革新的依據，教育行政工作唯有在不斷的評鑑之下，才能日新月新，不斷進步發展。

(二)教育行政組織係一強調階層關係的社會系統

社會系統論者把教育行政組織看作是一種社會系統（social system），而社會系統是一群具有固定範圍而又彼此交互作用的元素（次級系統）與活動，經此交互作用所組成的一個獨特的社會實體。

依據葛爾佐斯（Jacob W. Getzels）與顧巴（Egon G. Cuba）等社會系

統論者的觀點，可從三個角度觀察教育行政：

1. 從結構上看：教育行政即是社會系統中之上司、同僚、下屬的階層關係組織。
2. 從功能上看：教育行政是透過這種階層組織，以統整角色與物力，達成組織目並適應外在環境。
3. 從運作上看：教育行政的運作，務必掌握教育行政組織內外的全盤關係，注意組織成員的交互作用和互助合作，並且力求「機構的角色期望」和「個人的人格需要」二者的統合，才會圓滿有效。

(三)教育行政的績效受教育行政人員所表現行為的影響

除從行政程序和社會系統的觀點來了解教育行政外，也可從行政行為的角度來探討教育行政。而行政行為的探討，則注重教育行政主管的領導行為，認為行政主管應設法影響組織成員，避免受人消極性影響，唯有如此，才能提升行政績效。

教育行政主管影響別人的行為，又稱為行動倡導者的行為。至於行政主管影響部屬常用的行動策略，計有訓練、告知、支持、指導、介入、激勵、命令、設計等。此外，教育行政主管接受別人影響的行為，又稱為行動接受者的行為。此類行為可以分為自我選擇的、違反意志的、無知的三種。當然，作為一位賢明的教育行政主管，應儘量設法自我選擇的接受，而避免無知的接受和違反意志的接受等兩種行為。

(四)教育行政的目的在達成教育目標

教育行政本身是種手段，而非目的，一定要說有目的，也僅是一種中介目的而已。亦即藉行政的力量，促進教育事業的健全發展，以謀國家建設的不斷進步。

1. 從微觀言：教育行政旨在協調並結合人力物力，以增進教與學的效果。
2. 從鉅觀言：教育行政旨在藉支援教學，提升教學績效，以實現國

家教育政策，促進教育事業的不斷發展，從而培育健全的國民。

二、教育行政組織

　　教育行政是政府的職能，是國家行政的重要組成部分，由國家通過政府的教育行政部門對教育事業進行的組織、領導和管理。教育行政是公務體系的職稱，與學校教師迥然不同，老師是採聘任制，師資的取得是修習教育學分、實習和考照，教育行政則是依國家考試及格的資格晉用。

(一)教育行政類別

　　主要包含教育行政、社會教育行政和體育行政：

1. 教育行政：包含各級學校之課教務、學術機關之學術行政事宜。
2. 社會教育行政：包含補習教育、進修教育、家庭教育、社會教育事項，以及語文推行、視聽教育、遠距教育、終身教育、藝術教育等。
3. 體育行政：包含學校體育、國民體育、全民運動、競技運動與運動設施之規劃，另外還有體育學術之研究工作等。

(二)教育行政層面

　　教育行政主要有三個層面（吳志巨，2000）：

1. 制度層面：包括教育行政的體制、機構、以及學校教育的制度。
2. 內容層面：涉及課程行政、人事行政、財務行政和設施管理。
3. 方法層面：教育行政工作者要通過立法與執法、規劃、督導、評估等手段，來推動教育事業朝著預定的目標發展與前進。

(三)教育行政級別

　　教育行政機關採中央、地方二級制：

1. 中央政府設教育部，直轄市及縣市政府設教育局。教育部掌管國立各級學校、國立社教機構、私立大專院校、及私立高級中等學

校。

2. 縣（市）設立教育局（處），掌管縣（市）立各級學校、縣（市）立社教機構，以及私立中等以下學校。

(四)教育行政功能

1. 領導功能：教育行政人員要代表政府對教育事業實施領導，緊緊圍繞國家意志和社會需要來制訂教育目標和規劃，使教育子系統與整個教育系統的目標相一致，使教育系統的目標與社會發展的總目標相一致。

2. 服務功能：行政工作就是服務。教育行政就是爲教育事業爲教育工作服務，爲教師的教與學生的學服務，爲學校工作服務。

3. 監督功能：教育行政工作者還要及時進行檢查指導，聯繫教育目標，對教師、學生和學校進行考核和監督（吳志巨，2000）。

(五)教育行政特點

1. 教育行政活動與其他行政活動一樣，在履行職責時一般都重視體現國家的理念、意志和願望，注意貫徹國家的政策和法規，並在國家法律所許可的範圍內行使管理教育的許可權。

2. 教育事業經費是公衆的錢，屬社會公共事業的一部分，因此管理教育也必須像管理其他公共事業一樣，以維護和推進公共利益爲基本目的，明顯與企業經營般以營利爲目的有所不同。

3. 教育行政作爲一種管理活動，具備了一般管理的基本特徵，如有組織目標，有機構內部的許可權分配關係，有分工，有計畫，有決策，有交流，有協調，有衝突，也是通過綜合運用各種管理手段來最終實現組織目標的。正因爲如此，管理的一般原理，對於教育行政管理工作也具有非常重要的指導意義。

4. 與其他行政人員一樣，教育行政人員的素質、能力、領導風格等對行政上作的成效具有舉足輕重的影響。因此，現代社會歷來都重視行政人員能力、素質的培養。

5. 行政工作科學化是當前的一種趨勢，教育行政也不例外。許多原本在其他領域運用的科學手段，如今在教育行政領域也得到了普遍的運用，如統計手段、預測技術、成本核算制度、訊息資料處理等（吳志巨，2000）。

(六)教育行政組織特徵

1. 狹義：教育行政組織為實現國家教育政策，所設立的的管理機構，功能包含計畫、領導、協調、執行、與考核。
2. 廣義：教育行政組織包含各級立法、司法、行政部門、學校、教育專業團體、與教育行政主管機關。

三、我國教育行政制度

(一)普通行政與教育行政合一政策

採行普通行政與教育行政合一政策：

1. 教育行政附屬於一般行政制度。
2. 教育部長為中央政務官，教育局處長為地方政務官。
3. 教育人事權與經費權均未獨立，受一般行政制度管理。
4. 容易受到政治運作、民選首長與民意代表所影響。
5. 不利於教育行政專業自主性與中立性。

(二)中央集權教育行政制度

實施中央集權的教育行政制度特色：

1. 教育部握有教育行政三權：人事、課程、經費。
2. 教育部對於地方教務事務負有統合視導之責。
3. 官僚（科層）體制層層節制，難有教育創新或教育改革之實。
4. 地方首長常有對於中央教育政策不滿而抗爭。

(三)首長制的行政制度

1. 首長制度須採一定法定程序，並受議會監督。優點為事權統一，缺點易淪為主觀專權。
2. 委員制（美國地方學區教育委員會），受委員會監督。優點：客觀多元參與；缺點：決策過程需要多方協商。

(四)教育行政與其他行政區別

　　教育行政因功能、對象、組織等與其他行政主要區別（吳志巨，2000）：

1. 教育行政活動在很多方面要受制於教育本身的規律：如教育是人力密集的事業、教育的週期性長、教師工作是一種專業性工作等，違背這些規律而實施行政管理是行不通的。例如：不能運用行政手段，強令教師採用某種教學方式，因為這與教育規律不符；在企業行政中，卻可以透過機器與技術，直接控制員工的工作方式。
2. 教育行政工作的許多方面難以實行量化管理：教育行政管理最終要落實在學校工作中，而學校培養人要受多種因素的影響。例如：很難對一所學校的德育管理情況實行精確的統計。
3. 教育是價值高度涉入的事業：因此教育行政常常會涉及其他行政不常碰見的倫理、道德及價值觀方面的問題，學校是社會上各種衝突的價值觀念的中心。
4. 對教育行政工作成效的評價，要比對其他行政工作的評價複雜，難以根據某所學校當年的升學成績，對這所學校的行政管理工作成功與否作出評價，因為其中的影響因素多，而且很多因素主觀上是無法控制的。這種評價上的困難，為圓滿地履行教育行政職能帶來一定難度。
5. 教育行政活動易成為社會關注的焦點；一項教育政策的推行，因其牽涉面之廣，常常引起社會的巨大反響，輿論界也會展開熱烈討論。這一特點有時會使教育行政工作趨於保守，在制定新政策

的時候須採取非常謹慎的態度。

第三節　師資培育

　　教師是教育界的第一線尖兵，教育理念的落實、教育改革的推動，牽涉的層面雖廣，但教師的素質與參與程度，絕對是攸關成敗最重要的關鍵。民國83年1月18日通過「師範教育法」修正名稱爲「師資培育法」，並於同年2月7日公布施行。自此我國師資培育制度進入另一個新的階段，對教師、教育行政、教師培育衝擊甚大。

一、師資培育制度

　　興國之道，首在教育人才，而教育之成敗全繫於師資之良窳，如何培育優良師資，成爲各國重要的課題。

(一)師資的培育

　　民國83年2月「師資培育法」公布實施後，我國的師資培育旋即由規劃性的一元化，轉變爲儲備性的多元化，亦即師資培育的任務，由原有的臺灣師範大學、彰化師範大學、高雄師範大學、政治大學教育系及九所師範院校，擴大至公私立大學院校。師資培育可分爲五個階段：

1. 入學前階段，爲學生進入師範院校或師資培育機構前的學習階段。
2. 在學階段：學生在師範院校或師資培育機構求學的階段，著重基本教學能力培養及專業知識與技能的學習。
3. 實習階段：爲結束師資培育課程後，在學校實習的階段。
4. 正式教學階段：實習教師在學校實習期滿後，經檢定或甄試取得教師資格，並經學校錄用正式教學階段。
5. 終身服務階段。

(二)各國師資培育比較

世界各國師資培育之教育實習制度,隨其歷史演變、文化背景、民族特性及社會需求等因素,均各有其教育實習制度之建立與演變。較具代表性之國家特性(許良明,1999):

1. 美國:以能力本位的方式檢定教師資格,強調教師證照。美國各州對教育實習方案及實施方式不盡相同,但對實習教師之增進教學表現、強化教育理念、提升專業成長、滿足導引要求以及傳遞系統文化等五大項目執行,卻是完全一致的。

2. 英國:英國自1983年後,凡經教育科學部所認可之五種師資培育方案之機構畢業者,都稱為合格教師。凡合格教師,除試用教師或有特殊情況者外,一律參與為期一年(全時)或二年(部分時間)之實習教師訓練。

3. 法國:師範教育最早發生於法國,法國中小學之師資培育,採分開培訓且多元多軌,一般小學教師與初中普通課程教師,係由師範學院培養訓練;高中一般課程教師係由師範大學培養,其他專業科目教師則由專業學院或大學培訓,各階段各類師資在經過資格考試後,均須參與一年的教育實習。

4. 德國:德國師資培育及教育實習制度及方式各邦不盡相同,但對師資選拔及教育實習品質要求,卻是一致的,實習教師督導行政體系之建立,中央至地方上下一貫,相當嚴密。

5. 日本:日本的師資培育雖無明確之畢(結)業後之實習制度,卻全面實施「初任教師研修制度」主要特色:

    (1)師資培訓採開放性,除教育大學或學藝大學專司培育師資外,任何大學(含短期大學),經文部省核准設置師資培育課程,均可培育師資。

    (2)取得學士學位,並修完師資培育課程及格後,即可取得「教師證書」。爾後,參加都、道、府、縣教師甄試及格者,即是合格教師。

    (3)凡中小學之初任教師,均須參加為期一年之各項研習活動。包

含校內研習、校外研習、專題研習、住宿研習及海上研習。

(4)各校設輔導教師，負責初任教師之輔導。輔導教師得減少授課時數及校務工作。

(5)初任教師均具正式教師資格，享受國家公務員之待遇及權利。

(三)我國師資培育措施

新制師資培育從傳統、一元與同質的師範教育，邁向現代、開放、多元與異質的師資培育，不僅因應新世紀教育之需求，同時能提高教師教育專業知能、鬆動原有較保守教師性格，培養創意、開放、具實踐智慧的卓越教師。

為了因應多元開放而變遷急遽社會的師資需求，「師資培育法」、「師資培育法施行細則」、「教師法」、「高級中等以下學校及幼稚園教師資格檢定及教育實習辦法」等發布，為培育優良健全師資，採取各項重要的措施：

1. 建立師資培育多元制度，因應中小學教育發展。
2. 成立師資培育審議委員會，釐訂師資培育政策。
3. 研定大學校院教育學程師資及設立標準，樹立師資培育事業制度。
4. 發揮師範校院特色，強化教育研究功能。
5. 規劃特約實習學校，落實實習輔導制度。
6. 建立教師資格檢定制度，確保師資素質。
7. 強化教師在職進修制度，提高教師教學知能。
8. 建立在職進修網路，落實教師終身教育的理念。
9. 加強培育特殊類科師資，實現有教無類理想。
10.完成訂定教師法，樹立教師專業地位。

(四)師資培育特色

「師資培育法」係政治解嚴、社會變遷之後，教育朝向民主化、自由化、多元化的必然結果。民國83年公布「師資培育法」、84年施行「教師

法」、傳統專賣與一元的師範教育正式走入歷史，取而代之的是開放與多元的師資培育制度。師資培育法特色：

1. 新法師資培育機構由師範校院、系、所或設師資培育中心之大學校院實施之。
2. 培育內涵包含職前教育、實習及在職進修，其中教育實習，師資培育機構和學校共同負起培育之責任，力求理論與實際兼顧。
3. 培養師資公自費並存。
4. 培養與任用分途，教師任用由派任改為聘任。
5. 各校由教師評審委員會遴聘教師。
6. 由偏重技術性能力培養的師範教育典範轉為探究導向、實踐導向的師範教育典範，強調培養教師具反省批判的意識，實踐與研究能力，使成為真正專業教育工作者。

(五)師資培育與師範教育差別

「師資培育法」希望廣納來自不同背景、經歷不同社會化過程的教師，進入教學專業以改善及提升整體教育素質。與舊的「師範教育法」之差別如下（楊朝祥，2002）：

1. 師資培育由一元到多元。
2. 師資培育由公費修正為自費為主，公費為輔。
3. 畢業分發改為自行甄選。
4. 增加初檢、複檢程序。
5. 由「計畫制」培育變更為「儲備制」培育。
6. 先實習後檢定制度，配合「師資培育白皮書」於民國105年修改為先檢定再實習。

二、教師任用

為明定教師權利義務，保障教師工作與生活，以提升教師專業地位訂定教師法。「教師法」第11條規定：高級中等以下學校教師之聘任，分初

聘、續聘及長期聘任，經教師評審委員會審查通過後由校長聘任之。

(一)新制特色

由於教師權利意識抬頭，為使教育人員有法令可資依循，做到「公教分途」，故規範教師權利義務「教師法」於84年8月公布施行，打破以往中小學教師的任用方式。簡言之，「師資培育法」為中小學教育市場提供充沛的教師人力資源，而「教師法」則改變中小學教師的任用方式，賦予學校更多的人事自主權。新制主要特色：

1. 聘任為主，派任為輔：「教師法」第11條規定，新制教師任用制度為聘任制。但依「教育人員任用條例、國民教育法、教評會設置辦法、介聘辦法等規定，舉凡公費生、介聘教師等之任用雖係聘任之名，確為派任之實。整體而言，教師任用新制係以聘任為主，派任為輔。

2. 任用權力下放至學校：派任制教師任用權力由主管教育行政機關掌握，學校並無置喙之餘地。教師任用新制指出，教師任用必須經教評會審查通過後，方得任用。雖然依前述「介聘辦法」規定，凡經主管教育行政機關分發之教師，免受教評會之審查，但「介聘辦法」是行政命令，而「教師法」之法律位階明顯高於「介聘辦法」，故教師之介聘與公費生之分發，仍有法律上適用之疑義。從「教師法」之立法精神觀之，教師任用權力應屬學校，這也是教育鬆綁下，學校自主的具體顯現。

3. 任用關係由公法行為變為私法行為：以往派任制係由政府派任，為公法上之行為；聘任制則為私法之行為。教師採聘任制後，教師與學校之聘任契約，究竟屬於公法契約，抑或是私法契約，仍有極大的爭議。雖有判例認為公立學校教師之聘任契約非屬私法契約，但並未明確說明是否為公法契約。就實務上而言，公立教師聘約應為私法契約。

4. 教師救濟途徑多元化：以往公立學校之教師聘約被視為私法契約，教師遇有權益受損時，只能向普通法院提起司法訴訟作為最

後的救濟管道。而派任教師與主管單位之關係則為特別權力關係，因此若自身權益受損時，亦只能循行政管道提出申訴。「教師法」第29條規定：教師對主管教育行政機關或學校有關個人之措施，認為違法或有不當，致損其權益者，得向各級教師申訴評議委員會提出申訴。

　　第32條規定：教師申訴之程序分申訴及再申訴二級。教師不服申訴決定者，得提起再申訴。第33條指出：教師不願申訴或不服申訴、再申訴決定者，得按其性質依法提起訴訟或依訴願法或行政訴訟法或其他保障法律等有關規定，請求救濟。由上述規定得知，由於教師救濟途徑多元化，故教師之權益得以受到更多的保障。

(二)教師任用新制優點

1. 落實學校之人事自主權：學校可根據需要遴聘教師，落實學校本位經營的校務運作；教師亦擁有相當之人事決定權，除能積極參與校務決策外，並可提升教師的專業地位。
2. 保障教師權益：教評會負責教師的資格審查與任免事宜。教師的任免須經由教評會的通過，校長不得隨意解聘、停聘、不續聘教師，教師的權益得到保障。
3. 協助教師專業成長：教評會的成員可透過團體的討論，增進行政經驗，充實專業知能。同時可經由類似的機制，激起教師參與校務的意願，進而對學校產生「休戚相關、榮辱與共」的認同感。
4. 有助於學校發展特色的建立：學校可經由遴選的方式，甄選出有助於發展學校特色的教師，而使教育呈現多樣化的風貌。
5. 激勵教師成長，提升教育品質：教師派任制年代，許多人批評教師被保護過度，不用競爭，不必進步，只要聽話守分，就能安穩到退休。同時教師的調動、進修、陞遷多以年資積分作為考量的依據，因此即使在教學或研究上沒有傑出的表現，許多資深教師仍然可以憑藉年資積分，在前述事項上占有利之地位，甚而形成劣幣驅逐良幣的反淘汰現象。

6. 維護學生的受教權：依相關法令規定，教評會負有任免教師之責。而最了解教師教學能力與工作者，莫如同儕。因此教評會成員大部分既然為學校教師，對於同儕的教學狀況當然最為了解。故教師若有教學不力或不當言行舉止，會受到應得之懲處，也因此教師為求續聘，自當兢兢業業，努力於教學工作上。此外，由於教師採聘任制，為求信任與肯定，得到理想之職位，必定不斷自我充實，皆有助於學生受教權益的維護。

7. 落實家長參與校務的理念：在教育基本法中為家長參與校務立下法源。以往家長對於學校的人事決定權，毫無置喙的餘地。但在「教評會設置辦法」中，即規定家長代表乃是教評會的當然委員之一。就教育發展的軌跡言，家長參與校務已蔚為潮流，因此，家長代表在教評會中所扮演的角色，更顯出其必要性。

8. 落實校園民主化：以往校園缺乏教師會與教評會的機制，校長掌握學校人事大權，因而產生諸多流言。但隨著教評會的成立，教師對於學校人事較以往擁有更大的自主權，並對校長產生一定程度的制衡壓力，使得校園不再成為一言堂，校長必須與學校教師共享權力，也使得校園民主化的理想逐漸落實。

三、教師生涯發展

有優良適任的教師，才會有好的教育品質。經由深入了解整個教師生涯發展的歷程，並透過適當的生涯輔導與規劃使所有擔任教育工作者，都能順利的走出滿意的生涯路徑，是教育工作的重要課題。教師應能釐清自我的生涯發展狀況，掌握影響生涯發展的有利因素，了解生涯規劃的策略，進而增進自我的認識、以發展自我、實現自我。

成功的教師生涯發展計畫，能夠增進教育人員專業知識與技能的持續成長，並且增進教育專業地為與形象的建立。教師在教學過程中，需要不斷的參與進修，以充實自我。教師在不斷的參與進修、研習活動中，增長了教育專業知識與技能，增進專業自主能力，不但開發自我的潛能，尋求

自我的成長，朝向自我實現的目標，而且突破教學的瓶頸，運用有效的教學方法與技巧，協助學生克服學習上的困難與障礙，提升教學品質。

(一)教師生涯發展階段

教師之教學生涯甚爲複雜，無法以單一直線式的模式界定，主要發展可分爲下述階段（林幸台，1987）：

1. 投入期：教師在此時期，持續以各種途徑增進教學專業知識與技能，並且表現熱愛工作及對教育工作感到滿意。
2. 挫折期：教師在此時期，由於工作的壓力及環境的限制等因素，因而產生挫折與倦怠感，教學工作滿意度降低，甚至考慮離開教育工作崗位。
3. 遲滯期：教師在挫折、倦怠後，仍然從事教職，但是參與的程度與專業知能無法提升，而將教學工作視爲例行事務，無意於進修與成長。
4. 學習期：教師在此時期，努力尋找新的教材，學習新的教學方法，並樂於參加各項研習、進修，以增進教育專業知識與技能。
5. 轉移期：由於年齡與身體狀況的限制而準備離開教育工作，教師在此時期，有的感到滿意，充滿成就感，有的則認爲被迫離職而無法適應。

林慧瑜（1994）綜合國內外學者對教師生涯發展的詮釋，提出的歷程如下：

1. 教學工作知識與技能的提升：例如學生秩序的管理、班級經營、教學方法的創新、教材的編撰等。
2. 促進師生關係與人際關係：例如與同事、學生、學生家長、主管、社區人士等的互動與交流。
3. 對教學工作態度、期望與關注的提升：如對教育理念的堅持、對學生學習與福祉的關注等。
4. 對校園環境的關注：參與學校校務發展的革新、促進學校的進步等。

5. 對社區環境的關注：參與社區發展或參與教育或教師專業團體的活動等。

教師的生涯發展是連續性與循環的歷程，而且也有個別差異性，生涯發展與個人、組織因素又是交互影響。教師生涯發展階段之間仍有相近或相互重疊之處，端視個人的人格特質、工作環境等的影響。

(二)教師生涯規劃

從學校組織與個人的整合觀點而言，教師生涯發展與規劃在於透過生涯規劃與生涯管理的過程，期使教師個人的生涯發展目標能與學校組織、教育目標的需求有效配合，以提高教師人力素質，達成組織目標。因此，教師生涯發展與規劃，包含個人本身所進行的生涯規劃及學校組織所提供的幫助。亦即，教師的生涯發展兼具教師個人的發展與學校組織的發展，有效途徑如下（張添洲，1993）：

1. 自我的了解：生涯發展主要要素爲：知己、知彼、抉擇與行動；哲學家蘇格拉底：「認識自己」是人生的第一要務，最基本也是最重要的事，進行自我的整理、自我澄清等了解自我的工作，藉由對自己性向、能力、人格特質、價值觀、興趣、身心狀況等的了解，才能掌握自我，以獲得定位（position）與定向（orientation），有清楚的學習方向，才能有穩定的目標規劃和進行必要的評估與修正。

2. 培養生涯規劃能力與技巧：在生涯規劃中，個人需要培養主要能力爲：自我評估能力、職業訊息的蒐集、生涯發展目標的選定、規劃能力、解決問題的能力。

3. 了解工作特性：方能有效的掌握工作重點，配合組織的發展目標。例如：教學工作具有社會互動、雙向溝通、關係適應、自由管理等特性，教師扮演「傳道、授業、解惑」的工作，具有領導、傳播、學習、諮商輔導等角色，要能勝任愉快，需具備良好的人際關係、優良的教學技巧、溝通與輔導技能、專業的知識與技能、成績考核能力、行政能力、教室管理等能力。

4. 掌握生涯發展階段的重點：每個人都是有機體，生命本來就是動態的發展歷程，隨時都在成長、轉變，從前的興趣、專長、價值觀會隨環境的不同而改變。因此，掌握各個發展階段的重點，在不同階段進行必要的調適與修正，才能使生涯規劃順暢。

5. 生涯路徑規劃：發展的目標也許相同，努力的方向與途徑可能有差別；途徑也許一樣，面臨的遭遇可能不同。因此，在規劃目標時，要能兼顧客觀性、連續性、累積性、具體性。

6. 在職進修與專業成長：是教師生涯發展的要項，積極參與一般性與專業性之進修、研習、觀摩等。

(二)組織生涯規劃

　　教師的生涯發展本質即是自我教育的歷程，教師個人的成長是為了教育理想的實現，更是為了教育專業品質與效能的提升。因此，基於對教師生涯發展的重視及教師專業的要求，學校應儘量安排各種促進教師成長的活動與機會，以協助教師的生涯發展。學校組織對於教師生涯發展提供協助如下（張添洲，1993）：

1. 提供教師專業成長的機會：專業成長係指個人在生涯發展歷程中在知識與技能方面有積極的引導，使個人的職務有所增長。包括：正式進修管道、研討會、研習期間的人際交往與溝通、參加教育專業組織活動、期刊的閱讀、寫作出版、參觀訪問、課程設計、教具製作、協同研究、同僚互動等。

2. 建立教師生涯階梯：教師生涯階梯（career ladder）的建立，是針對教師發展理念而形成，有別於行政體系的逐級升遷職位結構體系。其本質乃是一種職業再設計的工作，以提供教師依照表現循序升遷的的管道，使教師職位階層正式化，增進教師分擔學校責任，並且改善教師專業知能。

3. 建立生涯發展管理系統：教師生涯管理系統的建立在提供教師有關生涯發展的相關訊息與機會，主要內涵包括教師個人生涯發展的資料及組織生涯結構的訊息，方能給予教師適切的協助與支持。

第四節　師資職前教育與任教

一、師資職前教育課程

　　師資職前教育課程係指參加教師資格考試前，依師培法規定各項有關課程，包括普通課程、教育專業課程及專門課程。師資培育應落實以學生學習為中心之教育知能、專業精神及品德陶冶，並加強尊重多元差異、族群文化、社會關懷及國際視野之涵詠。依據我國教師專業素養指引──師資職前教育階段暨師資職前教育課程基準，係指師資生參加教師資格考試前，依「師資培育法」應修畢之各種課程，包括專門課程、教育專業課程（包含教育基礎、教育方法及教育實踐課程）及普通課程。

(一)教育專業課程

1. 共同必修：教育基礎、教育方法、分科／分領域教材教法及分科／分領域教學實習課程等。師資職前教育專門課程，分為核心、必備及選備三大類；核心科目係指九年一貫各學習領域之必修課程；必備科目係指擔任各該任教學科（領域、群科）教師必須修習之科目；選備科目則指可以自由選擇修習之科目。為培育教師依師資類科所需教育知能之教育學分課程，應修學分總數至少26學分，必選修課程及學分依各校規定，包括：

   (1)教育基礎課程：教育概論、教育心理學、教育哲學、教育社會學等。

   (2)教育方法課程：課程發展與設計、教學原理、學習評量（教育測驗與評量）、教學媒體與運用（教學媒體與操作）、輔導原理與實務、班級經營等。

   (3)教材教法與教學實習課程：分科／分領域（群科）教材教法、分科／分領域（群科）教學實習。

  2. 類科內涵
   (1)中等學校師資類科：包括教育基礎課程、教育方法學課程、教材教法、教學實習及半年教育實習課程。
   (2)國民小學、幼兒園及中小學校師資類科：包括教學基本學科課程、教育基礎課程、教育方法學課程、教材教法、教學實習及半年教育實習課程。
   (3)特殊教育學校（班）師資類科：包括一般教育專業課程、特殊教育共同專業課程、特殊教育各類組專業課程及半年教育實習課程。
  3. 共同選修：約8學分以上。
  4. 實地學習：於修習教育專業課程期間至中等學校進行，包含見習、試教、實習、補救教學、課業輔導或服務學習至少54小時，並經師資校認定內容符合教育專業知能後，始完成教育專業課程之修習，得申請教育實習。
  5. 教育實習：至相關學校進行分科／分領域教材教法及分科／分領域教學實習之科目，須與半年全時教育實習科別相同。

(二)專門課程

  專門課程係為培育教師任教學科、領域、群科專長專長之專門知能課程。依師資培育學校訂定之學科專門課程科目及學分一覽表修習專門課程。如欲以該任教學科分發實習者，並須具備該任教學科相關學系、輔系或雙主修之資格。

  幼兒園與國民小學領域主修專長，適用於幼兒園與國民小學學習領域主修專長；國民中學領域主修專長，適用於國民中學之學習領域主修專長；高級中等學校共同學科，適用於各類型高級中等學校之共同學科；高級中等學校職業群科，適用於職業學校各群科、綜合高級中學各學程。

  欲擔任各級學校各該學科（領域、群科）教師，應具備相關學系（學位學程）、輔系或雙主修資格且應修畢專門課程一覽表所規定之學分數。以職業學校機械群科專門課程為例：

1. 工程材料：機械材料、材料科學、材料科學導論、機電材料、工業材料等。
2. 應用力學：靜力學、動力學、工程力學、材料力學、機動學、機構學、機構設計、機械原理、高等機動學、高等機構學等。
3. 工程圖學：圖學、製圖實習、機械畫、機械製圖、機械製圖實習、電腦輔助繪圖、工程圖學與電腦製圖等。
4. 機械實習：機械基礎技術、機械基礎技術與實習、機械基礎實習、機械製造實習、機械加工實習、機械加工技術、機械工作法實習、工場實習、數值控制機械實習等。
5. 接械製造：機械製造、數值控制、專題製作、自動控制、微處理機、精密量測、油氣壓學等。

(三)專業知能與增能

　　臺灣師範大學為提升師資生之專業知能，規定修習教育專業課程期間應至學校見習、試教、實習、補救教學、課業輔導或服務學習等專業知能課程54小時以上。

　　屏東大學修習國小師資職前教育課程教育專業課程期間，須至國民小學進行見習、試教、實習、補救教學、課業輔導或服務學習，至少72小時實地學習，並經學校認定其內容符合教育專業知能。

　　主要專業與增能課程：教育議題專題、性別教育、人權教育、勞動教育、法治教育、生命教育、品德教育、家政教育、家庭教育、海洋教育、多元文化教育、新移民教育、原住民教育、媒體素養教育、生涯發展教育、環境教育、藥物教育、性教育、國際教育、安全與防災教育、理財教育、消費者保護教育、觀光休閒教育、另類教育、生活教育等。

(四)師培課程與學分

1. 中等學校師資職前教育課程：應修畢教育專業課程至少26學分、專門課程26學分至50學分及各校自訂之普通課程。
2. 國民小學師資職前教育課程：應修畢教育專業課程至少36學分、

專門課程10學分及各校自訂之普通課程，並兼顧強化國民小學教師包班及跨領域教學能力。

3. 幼兒園師資職前教育課程：應修畢教育專業課程至少46學分、專門課程4學分及各校自訂之普通課程。

4. 特殊教育學校（班）師資職前教育課程：分為三種，特殊教育學校（班）教師證書課程、註記次專長（學科／領域／群科／需求專長）課程及雙師資類科教師證書課程。身心障礙組：中等學校、國小、幼兒園階段，應修畢至少特殊教育專業課程28學分、特殊需求領域及領域／科目調整教學知識10學分、中等學校或國小職前教育教育專業課程10學分、幼兒園師資職前教育教育專業課程16學分等及各校自訂之普通課程（請詳見課程基準）。

5. 中等學校及國民小學師資合流培育職前教育課程：教育部新訂「教師專業素養指引及師資職前教育課程基準」，針對目前師資培育分為中等教育和小學教師，為使開辦中等教育老師和國小老師培育之師資大學可開辦二合一，擬定新制和合修，109學年度即可開課。

以前也有中小學師資二合一培育課程，但因為要修滿高達62學分，師資生意願低，無人申請，師培大學也興趣缺缺，新制則減少二合一修習學分，從62學分減為40學分，大減20學分，可增加師資大學與師培學生之開辦與選修之意願。

配合十二年國民教育新課綱強調素養教育，教育部亦要求師培課程必須加強實踐課程占比，從現在最少四分之一，提高為下限三分之一，使師培生透過實作、教材教法等課程增加而具有更多的實務修習。

應修畢至少「教育專業課程」40學分、國民小學師資類科之教學基本學科10學分、中等學校師資類科之專門課程26學分至50學分及各校自訂之普通課程各類科教育學程，應依核定之教育專業課程科目及學分數規劃實施；每學期修習教育專業課程學分數之上限及修業期程等相關規定，由各校擬訂，報中央主管機關核定。

二、教師資格檢定與實習

108年12月11日「師資培育法」修正，係爲教育部爲符應時代潮流與國際趨勢，提高師資培育品質，修正改革重點包括：

1. 依當前國家教育施政核心理念，以學生學習權取代國家教育權，師資培育目標調整爲以學生學習爲中心（learner-centered）之教育知能，並加強多元差異、社會關懷及國際視野之涵詠。
2. 調整教師資格考與教育實習順序，實施先資格考後實習制度。
3. 中央主管機關訂定教師專業素養指引、師資職前教育課程基準。
4. 鬆綁師資培育課程規範，授權師資培育大學自訂師資職前教育課程。
5. 開放偏遠地區代理教師、海外學校教師二年年資折抵教育實習。
6. 已修習師資職前教育課程而未完成教育實習課程者，自修正施行之日起六年內，得先申請修習教育實習；完成教育實習課程者，自修正施行之日起十年內，得適用本法修正施行前之規定，訂定適用新舊法之過渡條件。

教育部表示實施「先教師資格考後實習」培育制度，可改善每年約四成考生（3000-4000人）未能通過教師資格檢定考試所形成的實習資源耗費問題，並選擇適量質優之師資生參與教育實習，有助提升實習品質。

另爲兼顧實習學生經濟情況，教育部亦採取補助具低收入戶或中低收入戶資格之實習學生每人每月1萬元，6個月發給6萬元助學金，以及開放實習學生得於實習期間參與補救教學、課後扶助、中小學代課教師、幼兒園代理教師，但每週授課節數總累計以不超過8節爲限。

修法後，教育部將配合十二年國民基本教育，推動調整師資培育課程，鼓勵師資培育大學進行臨床教學、發展教材教法等，以培育師資生具備素養導向課程、原住民族、新住民等族語文化等重大議題之教學能力。此外，各師資培育大學可自訂培育課程，有利規劃實驗課程，與民間機構合作，符應實驗教育師資需求，提升師資素質。

新法實施後，師資生亦可選擇參加教師資格考試通過後，赴偏遠

（鄉）地區擔任代理教師、海外學校擔任教師，以二年教學年資抵免半年教育實習，有助改善這些地區教師甄選聘用不易情形，同時亦提供實習學生多一個選擇學習且有薪資機會。未來，師培大學能廣泛與民間單位、基金會合作，透過精進課程及資源共享等，提供偏遠（鄉）地區更優質之師資。

先實習後檢定者

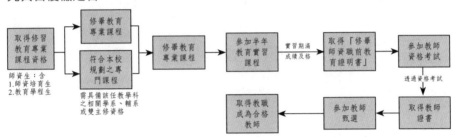

先檢定後實習者

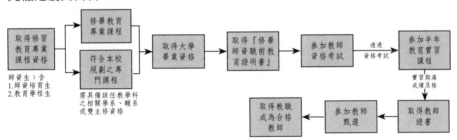

資料來源：臺灣師範大學師培中心

(一)教師資格檢定

1. 報考資格：中華民國國民、外國學生、僑生及港澳學生修畢師資培育之大學規定之師資職前教育課程，取得修畢師資職前教育證明書，或中華民國國民依本法第9條第一項規定取得修畢師資職前教育證明者，得依證明書或證明所載之類科別，報名參加本考試。大陸地區學生，除法律另有規定外，不得參加本考試（高級中等以下學校及幼兒園教師資格檢定辦法）。

2. 考試方式：以筆試行之，每年以辦理一次為原則。

3. 報名時間：約每年1至2月（依報名簡章之規定）。

4. 考試日期：每年3至4月（依報名簡章之規定）。

5. 考試科目：國語文能力測驗、教育原理與制度、青少年發展與輔導及中等學校課程與教學等四科。

6. 放榜日期：每年4至5月（依報名簡章之規定）。

7. 錄取標準：各考試科目以100分為滿分，其符合下列各款規定者為及格：

   考試科目總成績平均滿60分。

   考試科目不得有2科成績均未滿50分。

   考試科目不得有1科成績為零分。

(二)教育實習與取證

1. 通過教師資格考試者，始得向師資培育學校申請修習，包括教學實習、導師（級務）實習、行政實習、研習活動之半年全時教育實習。

2. 取得教師證書：符合下列各款資格者，由教育部發給教師證書，取得合格教師資格：

   (1)取得學士以上學位。

   (2)取得修畢師資職前教育證明書或證明。

   (3)通過教師資格考試。

   (4)修習教育實習成績及格。

   若已取得一類科合格教師證書，修畢另一類科師資職前教育課程，並取得證明書或證明者，由中央主管機關發給該類科教師證書，免依規定參加教師資格檢定。

第五章 課程發展

自民國18年訂定國家課程規範，其後歷經數次中小學課程標準修訂，務求課程修訂能與時俱進。民國57年實施九年國民教育以來，以培養健全國民為宗旨，落實五育均衡的教育目標。

第一節　課程發展

課程發展要能因應不同教育階段之教育目標與學生身心發展之特色，提供彈性多元的學習課程，以促成學生適性發展，並支持教師課程研發與創新。學校課程計畫是學生學習的藍圖、課程公共對話與溝通的重要文件；透過學校課程發展委員會的組織與運作，持續精進國民教育及學校本位課程發展。

一、課程綱要

學校以教導基本與專業知能、涵養職業道德、培育實用技術人才，並奠定其生涯發展之基礎為目的，為實現此一目的，課程的主要變化如下：

(一)課程演變

民國88年公布的「教育基本法」第11條明訂：「國民基本教育應視社會發展需要延長其年限。」民國92年9月召開「全國教育發展會議」，達成「階段性推動十二年國民基本教育」之結論，希望延長國民基本教育年限，將高中、高職及五專前三年予以納入並加以統整，藉以提升國民素質與國家實力。

民國93年6月教育部將「建置中小學課程體系」納入施政主軸，並於民國95年成立專案辦公室，完成12項子計畫、22個方案，包括「中小學一貫課程體系參考指引」，以引導中小學各級課程綱要之修正。

民國96年起，教育部開始推動特殊教育課程大綱的修訂工作，朝向與中小學普通教育課程接軌的方式規劃，並自民國100年起試用。民國99年「第八次全國教育會議」結論指出，應參酌世界先進國家國民教育發展經

驗，考量「普及、非強迫、確保品質」及「社會公義」等原則，積極啓動十二年國民基本教育，以期符合世界教育發展潮流。

　　民國103年8月1日全面實施十二年國民教育新課綱，本於「憲法」所定的教育宗旨，盱衡社會變遷、全球化趨勢，以及未來人才培育需求，持續強化中小學課程之連貫與統整，實踐素養導向之課程與教學，以期落實適性揚才之教育，培養具有終身學習力、社會關懷心及國際視野的現代優質國民。

(二)課程理念

　　十二年國民基本教育之課程發展本於全人教育的精神，以「自發、互動、共好」爲理念，強調學生是自發主動的學習者，學校教育應善誘學生的學習動機與熱情，引導學生妥善開展與自我、與他人、與社會、與自然的各種互動能力，協助學生應用及實踐所學、體驗生命意義，願意致力社會、自然與文化的永續發展，共同謀求彼此的互惠與共好。

　　課程綱要以「成就每一個孩子 —— 適性揚才、終身學習」爲願景，兼顧個別特殊需求、尊重多元文化與族群差異、關懷弱勢群體，以開展生命主體爲起點，透過適性教育，激發學生生命的喜悅與生活的自信，提升學生學習的渴望與創新的勇氣，善盡國民責任並展現共生智慧，成爲具有社會適應力與應變力的終身學習者，期使個體與群體的生活和生命更爲美好。

(三)課程目標

　　總體課程目標，以協助學生學習與發展：

1. 啓發生命潛能啓迪學習的動機：培養好奇心、探索力、思考力、判斷力與行動力，願意以積極的態度、持續的動力進行探索與學習；從而體驗學習的喜悅，增益自我價值感。進而激發更多生命的潛能，達到健康且均衡的全人開展。

2. 陶養生活知能培養基本知能：在生活中能融會各領域所學，統整運用、手腦並用地解決問題；並能適切溝通與表達，重視人際包

容、團隊合作、社會互動，以適應社會生活。進而勇於創新，展現科技應用與生活美學的涵養。

3. 促進生涯發展：導引適性發展、盡展所長，且學會如何學習，陶冶終身學習的意願與能力，激發持續學習、創新進取的活力，奠定學術研究或專業技術的基礎；並建立「尊嚴勞動」的觀念，淬鍊出面對生涯挑戰與國際競合的勇氣與知能，以適應社會變遷與世界潮流，且願意嘗試引導變遷潮流。

4. 涵育公民責任：厚植民主素養、法治觀念、人權理念、道德勇氣、社區／部落意識、國家認同與國際理解，並學會自我負責。進而尊重多元文化與族群差異，追求社會正義；並深化地球公民愛護自然、珍愛生命、惜取資源的關懷心與行動力，積極致力於生態永續、文化發展等生生不息的共好理想。

(四)課程特色

茲舉職業學校之課程綱要之特色說明如下：

1. 參考先進國家技職教育課程改革方向之研究。

2. 高職群科中心學校替代技專校院課程發展中心修訂課程綱要，結合職校行政實務與教學經驗。

3. 以職校教師為規劃主體，技專院校教授為輔，具有學術理論基礎與前瞻性。

4. 以「務實致用」為原則，強調學生專業技術能力之培養。兼顧「升學準備」與「就業準備」。

5. 強化證照檢定、產業能力需求及課程規劃三者關鍵能力之關聯，將技藝競賽證照、檢定融入課程規劃。

6. 增設校訂參考科目教學綱要，以利各校發展學校本位課程，並齊一全國高職學校課程水準（已完成共563門，2,689學分）。

7. 檢視群科歸屬，同步進行課程與考科歸類、調整與修訂。

8. 校訂選修科目學分數，應開設1.2倍（現行之課程暫綱規定1.5倍）之選修課程，供學生自由選修。

9. 各科目教學或活動時除應融入暫綱所列社會關切議題（生命教育、法治教育、人權教育、道德教育、生活教育、環保教育、職業安全衛生、消費者保護教育、再增加「海洋教育」、「全國法規資料庫」、「輔導知能」、「情緒管理」、「挫折容忍」及「災害防救」等社會關切議題。

二、學校本位課程

學校本位課程是依據學校的特色與需求，以學校課程為主體，以教師為課程與教學的核心，以學生為課程實踐與服務對象的規劃理念，期能促進學生學習成效的提升。主要著眼於學校教師與行政人員能直接參與課程發展活動，反映地區的特色與需求，增進教師專業自主與自我實現。

(一)學校本位的概念

學校本位的概念來自學校本位管理（School Based Management, SBM），包括課程自訂，以及學校層級的自治、設計與決定等。亦即將學校原有之事務，由上級單位（如教育部、教育局），有關人員共同決定的事項與權責下放到學校層級，並由學校組成相關人員如行政人員、教師、學生、家長與社會人士共同參與運作。

(二)學校本位課程發展特點

學校本位課程發展有別於其他的課程發展策略，具有獨自的特點（林俊彥、王姿涵，2011）：

1. 就課程範圍而言：凡在國家法規與授權範圍內，由學校主導下，一切學生的學習經驗，都可列入其範圍，所以應包含正式、非正式及潛在課程在內。
2. 就課程內容而言：能符合社會的需求及時代潮流，強調立即性的反應。
3. 就課程性質而言：可以是一項創新的活動，也可以是課程的調整

或是教材的修訂、教學方法的革新。

4. 就發展過程而言：採取由下而上、尊重專業、民主式的決策模式。

5. 就參與人員而言：包括所有與學校教育有關之人員都具備參與的資格。但仍以學校教育人員爲主體，視需要得請家長或校外人士代表提供諮詢。

6. 就資源運用而言：應充分運用校內外資源，並與社區結合發展學校特色。

(三)學校本位課程目的

進行技職體系學校本位課程的規劃，具體而言，有下列五項目的：

1. 落實技職體系課程「學校本位課程發展」之精神。

2. 技職體系各層級學校之間的定位與建立學校特色。

3. 建立以群科爲單位的課程實施方案。

4. 推廣產學合作與教學資源整合。

5. 未來的培育技術人力更符合產業之需求。

第二節　十二年國教新課程綱要

十二年國民基本教育之核心素養，強調培養以人爲本的「終身學習者」，分爲三大面向與九大項目：系統思考與解決問題、規劃執行與創新應變、科技資訊與媒體素養、道德實踐與公民意識、人際關係與團隊合作、多元文化與國際理解，以建立各學習領域的核心素養，主要內涵如下（教育部，2014；田振榮、李懿芳、張嘉育，2017）：

一、核心素養

九年一貫課綱注重「能力指標」，高中九九課綱則偏重內容，108新課綱則以素養爲導向。核心素養，是指一個人爲適應現在生活及面對未來

挑戰，所應具備的知識、能力與態度。「核心素養」強調學習不宜以學科知識及技能為限，而應關注學習與生活的結合，透過實踐力行而彰顯學習者的全人發展。

(一)核心素養涵義

課程、師資與教學的革新與翻轉，其實都涉及到一個根本核心價值的轉變，就是要以學生學習權取代國家教育權。

「以學生學習權取代國家教育權」真正意涵就是「成就每一個孩子」。每個孩子都是不一樣的，教育應該牽引出每個孩子的天賦能力，開創屬於自己人生的第一名。

(二)核心素養效益

核心素養教學效益（洪詠善，2013）：

1. 不僅教知識，也重視技能與情意。
2. 不僅重視結果，也重視學習的歷程與方法。
3. 不僅教抽象知識，更重視情境學習。
4. 不僅在學校中學習，更要落實於社會而動。

簡而言之，傳統教學受到考試引導教學的結果，往往將知識學習、動手操作和情意態度切割開來，且過度偏重知識學習。素養導向的教學，則是將學習、技能和情意融合在一起的教學。

(三)學習支柱

如何教育孩子將來能夠開創屬於自己的人生？聯合國教科文組織提出二十一世紀終身教育的五大學習支柱：

1. 吸收知識的能力（learning to know）。
2. 操作實物的能力（learning to do）。
3. 人際相處的能力（learning to live together）。
4. 自我實現的能力（learning to be）。
5. 適應環境的能力（learning to change）。

(四)八大學習領域

108新課程綱要總綱將國小至高中教育階段學習領域，統一劃分爲語文、數學、社會、自然科學、藝術、綜合活動、科技、健康與體育等八大學習領域，再藉著核心素養將十二年國教的學習統整連貫。

在國中小九年一貫課綱和高中九九課綱的基礎上，108課綱已重新檢視學生學習內容，降低不必要的重複，使其更爲連貫統整，「不要讓小學教過的內容，國中還要再教一次。」

九年一貫課綱的學習領域共有七個，因應時代變遷，科技溝通及思辨能力日趨重要，108新課綱將九年一貫課綱七大學習領域中的「自然與生活科技」，劃分爲「自然科學」和「科技」兩個學習領域。科技學習領域包含資訊科技與生活科技兩個科目，強調科技素養，注重培養學生運算思維、跨領域和動手實作的能力。

二、三大面向與九大項目

爲落實十二年國民基本教育課程的理念與目標，以「核心素養」作爲課程發展之主軸，以裨益各教育階段間的連貫以及各領域／科目間的統整。核心素養主要應用於國民小學、國民中學及高級中等學校的一般領域／科目，至於技術型、綜合型、單科型高級中等學校則依其專業特性及群科特性進行發展，核心素養可整合或彈性納入。

(一)自主行動

1. 項目：身心素質與自我精進、系統思考與解決問題、規劃執行與創新應變等三大項目。
2. 重點：強調個人爲學習的主體，學習者應能選擇適當學習方式，進行系統思考以解決問題，並具備創造力與行動力。學習者在社會情境中，能自我管理，並採取適切行動，提升身心素質，裨益自我精進。

(二)溝通互動

1. 項目：符號運用與溝通表達、科技資訊與媒體素養、藝術涵養與美感素養等三大項目。

2. 重點：強調學習者應能廣泛運用各種工具，有效與他人及環境互動。這些工具包括物質工具和社會文化工具，前者如人造物（教具、學習工具、文具、玩具、載具等）、科技（含輔助科技）與資訊等，後者如語言（口語、手語）、文字及數學符號等。工具不是被動的媒介，而是人我與環境間正向互動的管道。此外，藝術也是重要的溝通工具，國民應具備藝術涵養與生活美感，並善用這些工具。

(三)社會參與

1. 項目：道德實踐與公民意識、人際關係與團隊合作、多元文化與國際理解等三大項目。

2. 重點：強調學習者在彼此緊密連結的地球村中，需要學習處理社會的多元性，以參與行動與他人建立適切的合作模式與人際關係。每個人都需要以參與方式培養與他人或群體互動的素養，以提升人類整體生活品質。

三、第五學習重點

(一)學習重點

　　第五學習階段係接續九年國民教育，尤其著重學生的學習銜接、身心發展、生涯定向、生涯準備、獨立自主等，精進所需之核心素養、專門知識或專業實務技能，以期培養五育均衡發展之優質公民。第五學習階段包括四種類型的高級中等學校，其重點如下：

1. 普通型高級中等學校：提供一般科目為主的課程，協助學生試探不同學科的性向，著重培養通識能力、人文關懷及社會參與，奠定學術預備基礎。

2. 技術型高級中等學校：提供一般科目、專業科目及實習科目課程，協助學生培養專業實務技能、陶冶職業道德、增進人文與科技素養、創造思考及適應社會變遷能力，奠定生涯發展基礎，提升務實致用之就業力。

3. 綜合型高級中等學校：提供一般科目及專精科目的課程，協助學生發展學術預備或職業準備的興趣與知能，使學生了解自我、生涯試探，以期適性發展。

4. 單科型高級中等學校：提供特定學科領域為主課程，協助學習性向明顯之學生持續開發潛能，奠定特定學科知能拓展與深化之基礎。社會參與既是一種社會素養，也是一種公民意識。

(二)彈性學習時間

彈性學習時間依據學校條件與學生需求，可作為學生自主學習、選手培訓、充實（增廣）/補強性教學及學校特色活動等之運用。彈性學習時間得安排教師授課或指導，並列入教師教學節數或支給鐘點費。全學期授課者列入教學節數；短期性授課或指導支鐘點費。

學校特色活動可依據學生興趣與身心發展階段、學校背景與現況、家長期望、社區資源辦理的例行性或獨創性活動。如教學參觀、媒體識讀、學習成果發表、節日慶祝、健康體適能、國內外交流、聯誼活動、校際活動、始（畢）業活動、親職活動及其他創意活動。

為發揮學生「自發」規劃學習內容的精神，各校對「學生自主學習」應納入年度課程計畫備查，並列入校務評鑑及輔導訪視之重點項目。若為全校共同安排課程、活動，盡可能於團體活動時間中實施。

(三)畢業學分條件

1. 高中畢業學分條件：應修習總學分180學分，學生畢業之最低學分數為150學分成績及格；部定必修及校訂必修至少需102學分且成績及格；同時選修學分至少需修習40學分且成績及格。

2. 高職學年學分制畢業條件：應修習總學分為180-192學分，畢業及

格學分數至少爲160學分；部定必修科目111-136學分均須修習，並至少85%及格，始得畢業；專業科目及實習科目至少須修習80學分以上，其中至少60學分及格，含實習（含實驗、實務）科目至少5學分以上及格。

(四)專題實作

爲提升校訂必修科目「專題實作與創新課程」之學習成效，教學指引（溫玲玉，2017）應該呈現的是：

1. 課程精神：專題實作課程規劃應切合群科教育目標及務實致用原則，以展現各群科課程及技能領域課程之創新學習成果。

2. 教學目標：強化學生課程學習統整能力。培養學生團隊合作分工之能力。建立學生文書處理、成果展示、口頭報告與表達之能力。提升學生問題解決、團隊創新、實務整合之能力。

3. 教學實施：採分組或協同教學方式進行，學生採合作學習小組上課，每小組以3至5人爲原則。上課單元應包含：專題實作簡介、分組、確定主題、文獻蒐集、資料蒐集、成品製作、成品或服務等相關成果展示、書面報告製作、書面報告呈現、口頭報告與表達等。各階段宜由學生以甘特圖或管控表件呈現學習進度。

4. 教學評量：得依群科性質採用適宜之多元評量方式。評量內涵宜包含實作能力、成品或服務等相關成果產出、書面報告、口頭報告等四種。並應兼重形成性評量與總結性評量，其應包括認知、技能、情意。

5. 學習評量與應用：學生是學習的主體，教師的教學應關注學生的學習成效，重視學生是否學會，而非僅以完成進度爲目標。爲了解學生的學習過程與成效，應使用多元的學習評量方式，並依據學習評量的結果，提供不同需求的學習輔導。

第三節　技職教育新課程

　　「適性揚才」是新課綱的核心理念，引導學術傾向與職業傾向的學生依照個人興趣及專長各自揮灑，十二年國教就必須健全技職教育。因應技職教育學用落差等問題，可從增加職校的部定專業及實習課程加以改善。因此，新課綱在課程結構新增「技能領域」實習科目，大幅增加實習科目學分數。

一、技職教育課程

(一)技職教育課程特性

　　技職教育是以就業為目的，因此，它是不同於注重學術基礎的普通教育，課程之特性如下（楊朝祥，1985）：

  1. 傳授就業的技能為主。

  2. 以學生的就業為評鑑的標準。

  3. 教學中注重實作。

  4. 機具、設備、材料等較昂貴。

  5. 注重學生的個別差異。

  6. 學生必須達到預定的技能水準。

  7. 須與工商產業界密切配合。

  8. 需配合特殊需要學生的需求。

(二)增加實習技能領域

　　新課綱增加實習學分，還給技職必須的技能實作能力；打通產業與技職體系的溝通管道，將產業代表帶進學校課程規劃；並給予學生跨科學習的空間，人才培育更能適應產業變動需求。

　　技能領域指的是各群屬性相近科別共通的基礎技能。例如：機械製圖，是機械群各科所需技能；建築製圖與施工圖實習科目，則是建築科與

消防工程科所需技能。目前技職各群科的部定實習課程約15至30學分，新課綱則將實習學分提高到30至45學分，有助於培養學生跨群科的共通基礎技能，強化實務專業。

二、技職新課程修訂

　　高職教育隨著不同時代的社會背景與經濟發展，配合國家建設、經濟發展、社會變遷與科技進步而有不同的發展歷程，高職教育的課程因而作了多次的修正。高職教育的課程大約每十年修訂一次，每二十年會有一次大的轉變（教育部，2011）。

(一)新課程必要性

1. 因應「中小學一貫課程體系參考指引」之確立，研修課程綱要。
2. 配合社會需求，爰以「務實致用」為原則，強調專業知能、職業道德、實用技術、人文及科技素養等生涯發展能力之養成。
3. 檢視現行職業學校群科課程暫行綱要暨設備標準實施概況，回應基層與教師教學之需。

(二)新課程修訂理念

1. 配合「中小學一貫課程體系參考指引」之教育目標。
2. 參酌各國技職教育發展趨勢，發展群科能力指標，加強課程縱向銜接及橫向整合。
3. 依據「能力本位」與「學校本位發展」之精神進行課程規劃。
4. 重視各群科之專業特色，賦予各群科進行差異性課程規劃之彈性。

(三)新課程特色

1. 重視職場所需能力，規劃學生所需之核心能力及繼續學習指標：技職課程應強調能力標準、課程、教學和評鑑四者。因此各群都

先由職場確認職校各群待培育人才及其所需能力，再據以規劃課程。群共同核心能力是指各該群各科學生共同所需之基本的知識、技能和態度，須兼重學生職場就業及繼續進修之需求。在確認各群職校所欲培育人才時，尚需參照職校的定位、目標與功能。

2. 兼顧現有課程現實：以職群架構為基礎，規劃群核心課程一貫課程時，原則上以現有課程為規劃之基本內容，由此再發展出新的課程架構。在規劃新課程架構時，不宜將現行課程一概否定，否則會產生調整不良與難以推動等問題。

3. 強調一貫銜接原則：以提升學生學習和升學意願，新課綱在課程改革上，在縱向連貫性與橫向統整性中多予設想，俾使學生兼備升學與就業的能力。其次，近年來技職學生的多元特質日益懸殊，但課程內容未能及時有效因應，導致學生學習意願低落、影響教學品質。另隨著國內經濟之發展，國民接受教育的意願不斷地提升，即使是高職學生亦有強烈的升學進修慾望。因此高職教育宜朝向協助學生升學進修的中繼性教育發展，而非終結性教育。

4. 兼顧升學與就業的需求，尊重各科發展校本位課程：由於各級職校所招收的學生，有程度的差異，因此造成教學內涵深淺度不同及未來進路不同等差異性。鑒於英、數、理等學科因應各類群性質會有不同的需求，因此在進行課程修訂規劃時，即以彈性設計上下限學分的想法為修訂主軸理念（田振榮、李懿芳、張嘉育，2017）。

高職新課程修訂之最大特色，賦予各校自訂34-43%的校訂課程，給予學校更大的課程發展空間。期透過此種課程彈性設計，以符合學校辦學特色，並兼顧升學與就業，裨益學生適性發展。

因此，部訂核心課程綱要涵蓋一般及專業課程，再依各校設科發展校本位課程。部訂核心課程可作為未來職校學生能力考評的重點依據。

(四)新課綱規劃原則

1. 科系設置需和課程規劃一併改進。
2. 兼顧社會、學生和知識基礎。
3. 有研究發展支應規劃。
4. 該由技職教育目標引領規劃。
5. 配合各層級技術人力的能力要求，協助學生從學校到職場的轉銜。
6. 應落實能力本位教育，並進行全人教育。
7. 因應學習者的經驗、能力和興趣，力求適性。
8. 統整學術和專業課程，重視生涯發展基礎。
9. 加強副修、分組或興趣選修，提供科際整合和適性發展機會。
10. 兼顧現在和未來的需要，培養學生調適社會變遷的能力。
11. 重視各層級、各學制的課程銜接，提供學生無縫課程的經驗。
12. 兼顧全國規劃的基準和學校發展的彈性。
13. 落實實施相關的配合措施，進行課程評鑑及進一步的課程改革。

三、技職教育新課綱特色

(一)邀請產業界參與課程發展與規劃

　　技職教育經常被批評為學用落差，癥結在於人才養成無法與產業需求接軌，為了讓教學現場了解產業脈動，108新課綱明定產業界人士可參與學校課程發展委員會，協助規劃專業及實習課程。

　　新課綱關於技術型高中校訂科目規劃原則，注重產業發展趨勢，以培養學生未來就業或升學所需專業與實務課程為主，學校本位課程的具體規劃更是彌補現行課綱的不足，被視為改變技職教育體質的契機。

　　邀請產業界參與新課綱規劃，可明確掌握產業現在及未來所需的專業技術，再遴聘業師協同教學或鼓勵老師進修研習；學校實習工廠無法驗證學習成果，再與業界合作送學生到校外實習。

(二)開放多元選修

　　新課綱注重學生適性學習，開放多元選修空間。總綱明訂校訂選修科目，學校應提供跨班自由選修課程，甚至可以開設跨校選修。若能善用課綱的設計，同地區的學校若願意合作發展課程，將有機會讓技職教育變得不一樣。例如：臺中高工可以臺中家商、興大附農（臺中高農）跨校選修，學生可互相跨選工科之機械製圖、機械製造，商科之行銷、管理或設計課程，或農科之作物栽培、有機食物等，未來在職場的發展就會擁有更寬廣的空間，面對產業快速變化及競爭日益激烈，也不會因為單一專長而被市場淘汰。

　　技術型高中（高職）校訂課程占總學分高達三到四成，職校學生多元選修的空間甚大，更有空間、也更應該讓學生發展適性學習。高職若能適性做出差異化教學，畢業後選擇就業與升學的學生，越能找到適合自己專長的出路。

(三)鼓勵群校跨選

　　落實108課綱理想，學校發展課程，無論是開設跨班或跨校選修，教師不再侷限教授相同群科背景的學生，教學也必須重新設計；要落實實務選才，技職學校更需重新討論制定考試招生相關配套。有高中與高職並重發展，教學現場全面啟動，技職教育方有機會成為主流教育。

第四節　教師專業發展

　　教師是專業工作者，需持續專業發展以支持學生學習。教師專業發展內涵包括學科專業知識、教學實務能力與教育專業態度等。教師應自發組成專業學習社群，共同探究與分享交流教學實務；積極參加校內外進修與研習，不斷與時俱進；充分利用社會資源，精進課程設計、教學策略與學習評量，進而提升學生學習成效。

一、學習評量

(一)學習評量實施

1. 學習評量依據各該主管機關訂定之學習評量準則及相關補充規定辦理。

2. 學習評量應兼顧形成性評量、總結性評量，並可視學生實際需要，實施診斷性評量、安置性評量或學生轉銜評估。

3. 教師應依據學習評量需求自行設計學習評量工具。評量的內容應考量學生身心發展、個別差異、文化差異及核心素養內涵，並兼顧認知、技能、情意等不同層面的學習表現。

4. 為因應特殊類型教育學生之個別需求，學校與教師應提供適當之評量調整措施。

5. 學習評量方式應依學科及活動之性質，採用紙筆測驗、實作評量、檔案評量等多元形式，並應避免偏重紙筆測驗。

6. 學習評量報告應提供量化數據與質性描述，協助學生與家長了解學習情形。質性描述可包括學生學習目標的達成情形、學習的優勢、課內外活動的參與情形、學習動機與態度等。

(二)評量結果應用

1. 學習評量係本於證據為基礎之資料蒐集，其結果應妥為運用，除作為教師改進教學及輔導學生學習外，並可作為學校改進課程之參考依據。

2. 教師應依據學習評量結果與分析，診斷學生的學習狀態，據以調整教材教法與教學進度，並提供學習輔導。對於學習落後學生，應調整教材教法與進行補救教學；對於學習快速學生，應提供加速、加深、加廣的學習。

二、教師專業發展

(一)教師專業發展實施內涵

1. 教師可透過領域／群科／學程／科目（含特殊需求領域課程）教學研究會、年級或年段會議，或是自發組成的校內、跨校或跨領域的專業學習社群，進行共同備課、教學觀察與回饋、研發課程與教材、參加工作坊、安排專題講座、實地參訪、線上學習、行動研究、課堂教學研究、公開分享與交流等多元專業發展活動方式，以不斷提升自身專業知能與學生學習成效。

2. 教師應充實多元文化與特殊教育之基本知能，提升對不同文化背景與特殊類型教育學生之教學與輔導能力。

3. 為持續提升教學品質與學生學習成效，形塑同儕共學的教學文化，校長及每位教師每學年應在學校或社群整體規劃下，至少公開授課一次，並進行專業回饋。

4. 原住民族教育師資應修習原住民族文化教育課程，以增進教學專業能力。

(二)教師專業發展支持系統

1. 學校對於課程設計、教材研發、教學策略、學習評量與學習輔導等，積極開發並有具體事蹟者，應給予必要之協助與獎勵。

2. 各該主管機關與學校應支持並提供教師專業發展之相關資源，如安排教學研究會或教師專業學習社群的共同時間、支持新進教師與有需求教師的專業發展，提供並協助爭取相關設備與經費等資源。

3. 各該主管機關與學校應鼓勵並支持教師進行跨領域／群科／學程／科目的課程統整、教師間或業師間之協同教學，以及協助教師整合與運用教育系統外部的資源，例如社區、非營利組織、產業、大學院校、研究機構等資源，支持學生多元適性學習。

4. 教師為了掌握領域課程綱要的內容，以及發展跨領域／科目課程

及教學之專業素養，各該主管機關應提供教師研習或進修課程，
並協助教師進行領域教學專長認證或換證。

5. 各該主管機關應從寬編列經費預算，協助並支持教師進行專業發
展與進修成長。

三、教學品質提升

　　教師是教育改革的核心人物，教師素質與教學品質攸關教育改革的
成敗，因此，教師教學品質的良窳，是決定十二年國民基本教育成敗的重
要關鍵之一。自97年度起推動高級中等學校教師教學品質提升方案（教育
部，2008）。

　　為落實提升高中職教師教學品質，教育部期透過整合現有之教學資
源與系統，強化現有學科中心及群科中心學校（以下簡稱學、群科中心學
校）之功能與資源，規劃具發展性之教師教學與進修支援體系，建構在職
教師優質的教學環境，健全學校課程發展機制，以加強學校課程與教學的
運作與品質，提高現代教師教學專業知能，增進教師教學研究之風氣，藉
以提升整體高中職教師教學品質，以期奠定推動十二年國民基本教育之基
礎。

(一)學群科中心圈

　　教育部在「普通高級中學課程暫行綱要、普通高級中學課程綱要、職
業學校群科課程暫行綱要、職業學校群科課程綱要、綜合高級中學暫行課
程綱要、後期中等教育共同核心課程指引」等推動實施之際，已規劃高中
成立課務發展工作圈與24個學科中心，並設有諮詢專線、網站討論平臺、
教師增能進修研習、教材研發機制；高職部分亦設有15群科及一般科目群
科中心學校，結合原課程發展中心功能，設置諮詢專線、網站討論平臺、
發行電子報、教材研發機制、編製教師研習教材、辦理教師研習活動，提
供所負責群科教師之相關諮詢。同時近年來亦推動辦理「教學卓越獎」、
「試辦教師專業發展評鑑」等提升教師教學專業能力之政策，致力於教師

創意教學及專業發展。

(二)目標

1. 強化學校課程發展機制，提升課程與教學領導功能。
2. 建置教師研習進修體系與專業發展制度，提升教師專業知能。
3. 開發及應用學、群科教學資源，提高教學品質。
4. 建構優質教學環境，奠定十二年國民基本教育基礎。

(三)辦理原則

1. 專業原則：配合新課程公布與實施，提供專業導向之進修規劃，結合教師教學實務需求，協助教師提升教學及輔導知能，促進專業成長，以精進教學能力。
2. 組織原則：配合建置學、群科中心學校的支援體系，並落實學校各科教學研究會功能，協助教師解決教學問題，提供教師合作學習的教學場域環境，以激勵教師教學熱忱。
3. 整合原則：建構學校與學、群科中心學校教學資源平臺，建立教師輔導機制，提供教師各項教學資源，推動教師建立教學檔案，以建構優質教學資源環境。
4. 共享原則：建置教師研習進修資訊平臺，整合各項教師進修研習資訊，建立各學、群科領域研習訊息單一窗口，以利資源共享，增進教學績效。
5. 激勵原則：採多元鼓勵方式，激勵教師及學校行政人員從事課程及教學之研究與發展，並對推動教學及課程改進著有成效人員提供出國考察機會，以拓展教育視野，促進教學與課程的精進與國際化。

四、教師品質提升實施

教師教學品質提升方案主要以成立高中職各學科、群科中心學校，

並結合高級中等學校辦理各項提升教師教學品質相關之服務，辦理項目如下：

(一)配合新修訂課程綱要實施，強化學校課程發展機制

1. 建構學校課程發展機制

    (1)辦理校長、行政人員、課程發展委員之相關課程與教學領導知能研習，強化學校本位課程與教學領導機制的建立。

    (2)辦理學校課程發展種子教師培訓，提升教師課程發展專業知能，以增進學校課程發展之績效，提高學校課程發展的品質。

2. 辦理課程綱要推動研習或工作坊等相關活動

    (1)辦理課程綱要研習、工作坊或相關活動，並建立成效考核指標。

    (2)辦理新課程種子教師訓練，以利推廣各項教師研習活動。

    (3)鼓勵各校結合鄰近學校安排各學、群科或領域共同進修時間，辦理相關增能活動（如研討、教學觀摩、實地見習、讀書會與成長團體等），並結合相關資源辦理教師研習活動，以提升教師教學專業與熱忱。

    (4)鼓勵各校結合社區、產企業界及大專校院等團體進行資訊交流，並辦理相關學校教師與社區、產企業界及大專校院交流研習活動，增進教師社會新知，以充實教師教學內涵。

    (5)各學、群科中心學校得彙整各主管教育行政機關所委託或補助學校辦理相關領域進修研習之訊息，建立各學、群科或領域進修研習資訊平臺，並訂定進修研習行事曆，定期透過網站或電子報等方式提供教師進修研習資訊。

3. 協助學校落實規劃學校本位課程

    (1)研擬高中職新修訂課程中關於學校課務運作、多元選修、分版教材等之相關配套措施，提供高中職發展學校本位課程之參考。

    (2)研擬高職各群科學校本位課程訓練教材，進行各群學校本位課

程種子教師訓練，研發各學群科專業能力指標，提供各科校訂
參考科目，以協助各校建構學校本位課程發展機制，進而規劃
校訂課程，以利各校規劃課程計畫。

4. 蒐集課程綱要實施暨配套措施相關意見

(1)經營並管理學、群科中心學校專屬網站，提供各科教師查閱各
科綱要內容暨教學資訊，建立教師對於高中職課程修訂意見的
溝通平臺。

(2)由學、群科中心學校蒐集教學現場之意見，提供大考中心及測
驗中心相關考試事宜之參考。

(3)建立學、群科中心學校與大考中心及測驗中心之溝通平臺，促
進學校課程設計、教師教學現場及考試相關規劃之意見交流機
制。

(二)建立優質教學資源平臺，輔導學、群科中心成為教學專業發展中心

1. 建構學、群科中心成為教師專業課程與教學支援機制

(1)強化學、群科中心學校之功能，使之成為常態化之教師專業課
程與教學支援系統，作為教師教學輔助之資源平臺。

(2)配合高中職新課程之實施，規劃教師多元增能成長，辦理教師
課程教材教法必要之增能研習與進修活動。

(3)建立學、群科諮詢輔導機制，聘請教學輔導教師，以分區工作
坊型態辦理區內對話、討論，建構專業分區社群聯絡網，主動
提供各校有關推動校本課程之各種協助，透過教師同儕的學
習，提升教師團隊的教學合作概念與教學品質。

2. 辦理教師發展教材、教學活動設計與教學檔案等競賽與獎勵

(1)蒐集並評選「典範教學示例」及「專題製作示例」，獎勵教師
從事教材教法行動研究。將各項研發媒材上傳教學輔助資訊平
臺或編印成冊，鼓勵教師在課程設計、教材編選、教學實施等
之創意與卓越成效，以精進教師教學。

(2)聘請「典範教學示例」、「專題製作示例」教師擔任區域輔導教師，並辦理推廣研習與工作坊，建構教學輔助資訊平臺推廣其經驗，以領導學校教師精進教學，協助教師在課程設計、教材編選、教學實施之能力。

(3)鼓勵各校推動教師教學檔案建立，並以漸進式、試辦性推動教師專業發展評鑑，建立學校本位教師專業發展評鑑指標，提升學校教師教學品質。

3. 建立教學資源研發推廣機制並發展e化教學平臺

(1)蒐集國內外相關教學資源，建立教學資料庫，分享學、群科教案及相關教學資源。

(2)與國家教育研究院（教科書研究發展中心）等教材編審機構進行資源整合，共享研發資源，俾利教材編撰者參考使用。

(3)建立網路教學平臺，強化教學資源之網路分享，提供優良教學資源網路交流管道，以利全國教師查詢與參考。

(4)各學、群科中心學校得結合大專校院專家學者、優良教師，組成諮詢顧問團提供教師諮詢管道，協助教師提升教學品質。

(三)預期效益

1. 落實全國各高中、高職之學校課程發展機制與運作，達成提升學校課程與教學領導之功能。

2. 強化學、群科中心學校之運作，建置教師教學資源平臺，以提供優質教學支援環境。

3. 透過教學資源研發推廣機制，發揮教學資源共享原則，並協助教師教學專業發展，達成教師教學品質之精進。

4. 整合教師研習進修體系與運作機能，精進教師進修研習機制，逐年提升教師增能進修與專業發展成效。

(四)配套措施

新課綱的精神強調適性揚才，成就每一位孩子；提出自發、互動、共

好的理念。帶領學生進行豐富、多元的學習，引領學生在試探、選擇到專精的學習過程中，成為會溝通、懂互動、能參與社會的優秀公民，落實新課綱「自發、互動、共好」及「終身學習」的精神。

為使新課綱實施能夠穩健與順利，相關配套措施，摘要如下：

1. 107學年度高級中等學校全面推動校訂選修課程，穩健銜接新課綱：新課綱所強調的多元選修課程之開設，是從現行高級中等學校課程綱要演進而來的，為協助高級中等學校能在現有基礎上加強發展多元選修課程，並推動學生跑班選修，支持學校發展多元及適性選修課程所需之鐘點費，以順利銜接新課綱；此外，國中小也將逐步完善校本課程發展機制，落實彈性學習課程。

2. 擴大前導學校規模，累積新課綱轉化經驗，提供各校參考：目前國中小學有74所前導學校，普通型高中45校、技術型高中和綜合型高中共29校，合計148校，自106學年度起逐步擴大1倍之前導學校數。配合科技領域課程的調整，自106學年度起辦理科技領域前導學校。

3. 持續強化素養導向教學的專業實踐與支持：教育部將持續強化對教師素養導向教學及教科用書出版社在素養導向教材發展上的支持。包括發展素養導向教材教學模組、編定各領域／科目課程手冊、強化與教科用書出版社對話及準備、鼓勵教師（跨領域／跨校）共備社群等。

4. 做好師資準備及專長培訓：有關科技領域師資，自106年度開始，由相關師培大學分北、中、南、東開設增能學分班及第二專長學分班，預計以三年時間完成師資培訓。另外，教育部也研擬「科技向下扎根補助計畫」，引進外部科技資源，協助地方政府及學校推動科技領域之課程及教學。

   在新住民語師資方面，自105年起逐年培訓新住民語教學支援工作人員；另外，新住民語文國中小教材於107年完稿，並供師生下載使用。

5. 完善各項法規配套：教育部全面盤整及檢視現行相關法規，新增

及修訂多項法規。目前部分法規草案已研擬完成，正由前導學校
先予試行並提供修正建議。

第六章　職業教育與訓練

　　教育是國家謀求未來繼續發展的基礎，而教育訓練則是企業謀求永續經營的百年大計；因此教育訓練對於企業的關係，有著不可分的關係，教育訓練不僅在訓才、育才、留才層面上優化人力資源的關鍵，現代企業的競爭其實就是人才的競爭。

　　經由職業訓練法的實施，政府及工商業界積極推展職業訓練（continuing vocational training），建立了職業訓練的制度化。職業訓練主要在培養技術人力，提高工作技術與知識，促進國民的就業需要，除了實施養成訓練與進修訓練外，並涵蓋了對低度就業能力者及弱勢團體的職業訓練，同時強調職業訓練與技能證照制度的結合，以提升技術水準，增進就業安全的推展。

第一節　訓練

　　教育訓練的目的在提升個人技能，塑造個人的獨立性和自信心，以及使個人適才適所。無論是在學理或實務上，教育訓練與外在環境變遷、企業成長與勞工生涯發展都息息相關。儘管教育訓練的重要性一直不斷的被提及，但是在變革的壓力下，當昨日的知識與技能可能不再適用於今日總體與個體環境的需要時，教育訓練的迫切需要更甚於以往。

　　在全球化的風潮下，產品的週期不斷的縮短，亦須持續的擁有合時性的技能，才是就業安全的保障；企業也須有不斷的進步，才能保有競爭的能力。所以，除了正規的學校教育外，後續職業訓練的角色將愈形重要。由以上觀察，因應全球化及知識經濟時代的來臨，政府、企業及個人均有增加教育及訓練人力資本投資的共識。

一、訓練內涵

　　職業訓練的功能是多方面的，可以增進新近勞動力的就業能力，也可以提升員工的專業性、生產力與適應變遷的能力等。

(一)訓練目的

1. 情意（awareness）：協助員工對知識與技能獲得意識和敏感度。
2. 知識（knowledge）：協助員工對知識與技能獲得經驗和基本了解。
3. 態度（attitude）：協助員工對知識與技能獲得一套價值觀，並承諾主動參與工作改進。
4. 技能（skills）：提供員工獲得辨認和解決工作問題的技能。
5. 參與（participation）：協助員工各種機會，能主動參與各階層的工作問題解決。

(二)訓練目標

訓練的意義，就是從內心的省思到外塑的行動表現，以促使行爲的改變。訓練目標則是解決工作上或是生活上所需要。訓練的功能，在增進新近勞動力的就業能力，提高在職員工生產力與適應技術變化的能力，協助就業能力的獲得，有助於提升人力素質，並能調節人力供需，消除失業現象。

1. 工作效率的提升。
2. 解決操作上的困難或品質上的瑕疵。
3. 改善工作品質、減少材料浪費、進行工作評估。
4. 進行工作之分析。
5. 工作標準化之建置。

(三)訓練要點

1. 確認訓練對象的基本能力，如經驗與能力。
2. 安排合適的訓練講師，確認訓練方式。
3. 安排合適的學習時間，例如假日、淡季或夜晚。
4. 選擇適當的設備與空間。
5. 教學策略的設計與選擇。
6. 教學資源如電腦、投影機、數位教材、成品等的善用。

(四)訓練評估

1. 效率性：如技能操作上的精確性、時間性。
2. 信度：如技能操作在不同時間的穩定性。
3. 效度：如技能操作在不同環境上的穩定性。
4. 持久性：如技能保持長久穩定性。

(五)訓練方法

　　訓練方法通常分為演講法、討論法、個案研究、角色扮演、教學遊戲、表演法、報告、電腦輔助教學、網路數位學習、視訊學習等，不同的訓練方法，應用在不同的對象、課程上，即是訓練或教學策略的選擇。

二、訓練型態

　　訓練是保障員工生活、促進就業安全的福利制度，是教人捕魚的工作。政府為培養國家建設人才，提高工作技能，促進國民充分就業，於民國62年施行「職業訓練金條例」，奠定職業訓練的基礎，並於72年公布實施「職業訓練法」，依該法的規定，職業訓練包括：

(一)職前訓練

　　係針對未就業國民所實施的訓練，職前訓練係針對準備投入就業市場者所舉辦的訓練。

1. 養成訓練：即訓練新進勞動力的就業能力，以解決就業問題或業界技術人力短缺的問題。
2. 職前訓練：公司機關之職前訓練係為就職前的準備訓練，包括公司簡介、安全衛生、品質保證政策、職位說明、消防措施訓練等。時程視公司之性質，一般為一天至一週，需要精密性、安全性等行業的時程更長。

(二)在職訓練

　　爲對已經就業者所實施的在職訓練，是造福在職員工的訓練。主要爲在職期間之補充、加強新知等訓練。爲工作中訓練，以做中學（learning by doing）。不論是新進人員的職前訓練或是在職轉換工作崗位訓練，都有不同的學習內容及標準，以提高員工生產力和適應科技變遷的能力。

1. 第二專長訓練：指除了現有工作專長之外，爲獲得另外工作專長所舉辦的相關訓練。
2. 進修訓練：爲提升現有工作知識與技能的訓練。
3. 職外訓練：通常爲選派到外面或公司專辦的專業訓練機構受訓，如中國生產力中心、企管公司、協會等。受訓課程、師資、設備等，常是組織本身無法提供的。
4. 在職訓練優點
   (1)學習較沒壓力，能提升學習成效。
   (2)能學得他人的專長。
   (3)眞實性：利用現有嶄新之師資與設備等，增進知識與技能之了解。

(三)轉業訓練

　　爲幫助因經濟結構轉變及科技進步所造成的失業，接受第二專長以能夠再就業。屬於待業身分別，參加各種職類的職前訓練課程，政府可提供相關費用之補助，依照身分別而有所差異。如爲特定身分別，參加全日制職業訓練期間還可領職訓生活津貼補助，結訓後，訓練單位並提供就業輔導措施。

三、訓練領域

　　訓練教育的課程應涵蓋認知、情意、技能等三個領域：

(一)認知領域

直接關係心智能力的成長，包括認知、理解、應用、分析、綜合、評鑑等能力。

1. 認識能力：為一種基本的制約學習能力，指一般學習獲得能力的回想能力。如認識圖案、聲音、色調、功能、調整等。

2. 理解能力：對任何資訊的了解，並能不需經過相關的應用能力，使之成為有用的觀念。如文法先後次序的了解。

3. 應用能力：為一種能表現於定理、程序、公式等的應用。

4. 分析能力：為一種了解的確定、分辨組合因素的能力，如拼圖能力。

5. 綜合能力：能將各種相關因素組合的能力。如汽車修護，要能確定問題找出毛病，循序拆卸與組裝零件。

6. 評鑑能力：為價值的評定能力。應用科學方法，以評定事物的優劣。

(二)情意領域

以情感、態度、人生觀，表現於興趣、欣賞、順應和學習的適應能力。

1. 對學習的接受：指能幫助或阻礙學習的態度。如能積極的參與課堂的討論。

2. 對學習的反應：指表現於訓練活動的態度。如守時、守紀等能力。

3. 對學習的價值觀：指經過訓練後，對訓練活動的肯定或是否定。

(三)技能領域

為表現於相關生理活動的能力及技術上的水準。

1. 觀察能力：察覺或分辨周遭環境的能力。

2. 機械性的動作能力：為動作技巧上的反覆運作。如裝配線的作業員，經由特定的動作熟練後，而養成機械性的動作能力。

3. 動作轉換能力：指應用某種特定的習慣動作到其他方面的能力。
4. 適應能力：為某些動作在時間、空間上的適應能力，亦即接受新技巧的能力。

第二節　職業訓練

職業訓練目的在培養國家建設所需要的技術人力，提升各行各業技能水準，增進國民就業能力，促進國民的充分就業，對於產業的升級及經濟發展助益良多。職業訓練除了實施養成訓練與進修訓練外，並涵蓋了對低就業能力者的職業訓練，同時強調職業訓練與技能證照制度的結合，以提升技術水準，增進就業安全的推展。

一、職業訓練內涵

職業訓練主要在培養技術人力，提高工作技術與知識，促進國民的就業需要，除了實施養成訓練與進修訓練外，並涵蓋了對低就業能力者的職業訓練，同時強調職業訓練與技能證照制度的結合，以提升技術水準，增進就業安全的推展。

(一)職業訓練內涵

國家建設愈積極，經濟發展愈進步，對於人力資源的發展也就愈重視，職業訓練也愈重要，因此向為先進國家開發人力資源，促進經濟發展的有效途徑。職業訓練為人力資源發展中重要的環節之一，而人力資源的開發與運用，為就業安全政策的重心，居於社會、經濟、教育、政治等樞紐，如何藉由職業訓練與技能檢定的實施，培訓技術人力，提高產品或服務品質，促進經濟發展提高國際競爭能力，以達成全民充分就業的目標，進而擴展人力資源的運用，實為當前經濟發展重要的課題。

早期工業先進國家所推展的學徒制（apprenticeship system），由雇主提供未成年人於工作場所內學習技術的機會，雇主或師傅兼具技術訓練的

工作,已略具職業訓練的雛型,及至工業化的發展,基層技術人力的需求大增,更使職業訓練蓬勃發展,並擴大與職業教育結合,以提供各種技術人力資源。

(二)職業訓練定義

職業訓練為泛指為對未能就業的國民、準備就業的人或新進員工所實施的職前訓練,以學習工作上所需的技術與知識,培養新進勞動力的就業能力;及針對在職員工為適應工作、升遷進展、職務輪調、或是轉業等的需求,在職訓練使能接受專業新知與技術的進修,進而提高員工的生產技術能力,增進員工適應技術革新與變化的能力,所實施各種不同階段與不同層次的各種工作技能、相關知識與工作態度等的訓練。主要有養成訓練、技術生訓練、進修訓練、轉業訓練、殘障者訓練等五種。

1. 狹義定義:職業訓練是為準備就業或剛就業,以及在職與準備升遷、調職或轉業的工作者所實施的各種工作技能、相關知識與工作態度方面的訓練。其範圍偏於單能性操作的技能訓練。

2. 廣義定義:職業訓練是一種具有立即效果的教育措施,係針對就業或工作需要,以及特定目的而實施的教學活動。就對象而言,職業訓練除了針對青少年施以基本的知識與技能之養成訓練外,更可擴大為成人之專精與進修訓練,故範圍不僅是單能操作的技能訓練,亦兼顧高層次的技能訓練。廣義的範圍不僅包含操作與管理階層,訓練的內涵也不僅是基層的工作技能,也包含較高層次的職務訓練。

(三)職業訓練目的

職業訓練目的在於培養國家建設所需要的技術人力,提升各行各業技能水準,增進國民就業能力,促進國民的充分就業,對於產業的升級及經濟發展助益良多。72年公布實施「職業訓練法」,泛指職業訓練係針對未就業國民所實施的職前訓練或是對已就業國民實施的在職進修訓練,建立了職業訓練的制度化。

訓練主要目標在於增進或是儲備員工的知識與技能及改善為人處事的態度以引導其行為的改變。涵蓋功能：

1. 一般知識與技能的提高。
2. 理解經營，理性的原理與理論。
3. 經營及管理能力的提高。
4. 領導力及指導能力的提高。
5. 業務處理能力的提高。
6. 個人缺點的改正（包括態度、知識與技能）。
7. 人際關係，溝通、協調等技巧的培養。
8. 專業管理與生產知識與技能的學習。
9. 新穎知識與技能的培養。

(四)職業訓練演變

隨著時代演變，職業訓練的內涵與意義不斷在改變，並且有由狹義延伸到廣義的趨向。職業訓練主要演變趨向：

1. 訓練內容的豐富化：早期以協助就業為主的工作技能，逐漸擴大到經營、管理、行銷、品管、安全、衛生、設計、資訊等的專業知能，最後包括企業的倫理、職業道德等非專業知能的態度訓練。
2. 訓練類型的多樣化：除了養成訓練、進修訓練、轉業訓練、補充訓練等，擴大到終身學習、生涯發展的訓練。
3. 訓練對象的擴大化：從早期的學徒訓練到一般基層技術工人，再發展至非生產的技術性業者的訓練及科技變遷的適應。
4. 訓練功能的增長化：從早期的解決社會就業與個人生計問題，演變為促進國家經濟成長和個人職涯發展與生涯進路，並滿足企業永續經營，勞資雙方共贏的需求。

(五)職業訓練特色

　　職業訓練對於正準備就業或正在工作中的人產生直接或間接的影響，有助於國民的充分就業，進而促進國家的經濟發展，是為人力資源發展政策中重要的一環，為就業安全體系中的主要措施。因此，不論是已開發國家、開發中國家或是未開發國家都將職業訓練列為重要社經政策。我國目前的職業訓練具有以下的特色：

1. 公共訓練與企業訓練並行。
2. 技能檢定的實施主要由政府辦理。
3. 有各種方式與內容的職業訓練。
4. 以法令強制規定企業辦理職業訓練。
5. 職業訓練體系與學校教育體系的資格相互交流。
6. 有多元多類別的訓練方式。

(六)職業訓練種類

　　職業訓練實施主要由國內公共職業訓練中心辦理為主，為擴大職業的成效，並洽請公私立學術機構、學校、機關團體等，利用其師資與設備，採委託或合作方式辦理職業訓練，其所需學雜費、材料費由政府全數補助。對於原住民、低收入戶、身障人士等，除負擔其膳食費外，並酌發生活補助費、獎助金等。其訓練的內容與項目，則隨著經濟的發展、社會結構的變遷、教育水準的提高等因素，適時的改進與充實。

　　有關職業訓練的種類，有不同的分類，依訓練機構的不同，可分為公共訓練與企業訓練（陳聰勝，1997）：

1. 公共訓練：廣義指政府預算所推動或辦理之各種訓練，不論是自行辦理或委外辦理的均屬之。狹義指以政府預算支應訓練費用，而由政府設立或經費支付營運的公共職業訓練機構所辦理的訓練。
2. 企業訓練：指的是事業單位為增進員工專業知識與技能，提高勞動生產力，採行自行辦理、委託辦理或聯合辦理所實施的訓練。
　　不論公共訓練或企業訓練都是職業訓諫制度的核心，如何促使兩

者穩定的發展和彼此的交流，是健全職業訓練制度的重要課題。

(七)職業訓練方式

職業訓練的實施方式，主要分為養成訓練、技術生訓練、進修訓練、轉業訓練及殘障者訓練等要項：

1. 養成訓練：主要針對15歲以上或是國中畢業國民，所實施有系統的職前訓練，使其能學得就業所需要的基本技術與知識，養成良好的工作態度，習慣與職業道德等，使能順利就業。如國中畢業生職前訓練、一般社會青年職業訓練等。
2. 技術生訓練：配合事業機構為培養所需的基層技術人力，招收年滿15歲以上或國中畢業之國民所實施的訓練，在生產崗位上施予技能實習訓練。
3. 進修訓練：係為增進在職員工專業技術與知識，以提高勞動生產力所實施的訓練，或是因應技術革新、改善設備與培養員工的適應能力所實行的訓練。包括在職人員夜間進修訓練。
4. 轉業訓練：在技術變遷快速與產業結構轉變過程中，針對職業轉換者為獲得新工作所需要的技術與知識而實施的訓練。
5. 殘障者訓練：係針對殘障者為獲得就業能力，增進就業技能所實施的訓練，以協助殘障者順利就業。

二、職業訓練效益

職業訓練的效益是多方面的，可以增進新近勞動力的就業能力，也可以提升員工的生產力與適應變遷的能力。為適應長期就業結構的轉變，職業訓練最能配合就業市場需求的變化。因此，職業訓練規模與設施的擴大，應能做到滿足轉業訓練與補充訓練的需求，以提升人力的運用效率；同時職業訓練除了應加強彈性調整訓練類別外，更應積極規劃未來人力需求，如服務業人力的培訓，進而加強協助組織與企業自辦員工教育與訓練。

(一)公共職業訓練效益

1. 減少社會失業問題：缺乏專業的知識與技能是失業主要因素之一。俗諺：「與其送魚，不如教他結網捕魚的技巧與方法。」職業訓練就是這個道理，個人有了一技之長，求職就容易多了，所以職業訓練不但滿足了個人，無形中也減少社會的失業問題。

2. 加強社會福利的功能：社會福利服務的對象，如殘障者、低收入戶、原住民、老人、婦女等，都是社會上較容易產生就業問題的弱勢族群。因此加強其職業訓練的完善，不但是一種就業安全制度，更是一種社會福利的落實。

3. 促進經濟與建設的發展：我國目前正面臨產業升級的轉型期，將由勞力密集產業轉向技術與資本密集產業，急需大量的技術人力。而由公共職業訓練的推行，可以在短期培育大量的技術人力，以滿足經濟建設的要求，促進國家經濟的發展。

4. 提高國家的人力素質：在政府執行職業訓練的過程中，自然會加強人力的培訓、開發潛在的勞動力、促進人力充分的運用、提升人民的職業技能，因此國家的人力素質會逐步的提升。

(二)企業訓練效益

企業訓練目的，在增加企業經營的績效，並使員工受益，達成永續發展的目標，主要之效益如下：

1. 提升員工工作績效：企業訓練的主要目的，希望員工在經過一段時間的訓練後，無論是職前或進修訓練後，工作的表現較好，而適當的訓練後，員工的工作知識、技能和態度上，會有較好的改變，以提升工作績效。

2. 培育組織所需的人力資源：個人在進入組織前，會有差異性，所以組織可以藉由企業訓練的進行，挑選自己適用的人才，並藉此建立公司的企業文化，培育具有公司特色的人才。

3. 避免職業災害發生：一般而言，新進員工對工作環境、工作內容、工作儀器與設備等較不熟悉，自然在操作相關的器具上，危

險性比較高。所以企業必須安排相關的職前訓練，以降低危險性，確實避免職業災害發生，並降低公司的營運成本。

4. 強化員工對組織的向心力：個人最渴望的是組織的關懷、支持、肯定，經由企業訓練，可給予員工生活上、工作上、知識與技能上、組織上的強化，以強化員工對組織的向心力。

(三)整體效益

1. 員工知識與技能的改善：職業訓練能使員工更快體會到組織工作的需要，通過提高員工的知識與技能，使員工得以較少的失誤和浪費，獲得更好的生產效率與更高的品質。

2. 員工知識與技能的改善：使工作更充實，增進對組織的向心力。也是一種樹立工作信心、增進工作成效的方案。

3. 當組織希望採用柔性工作與管理方法，希望員工更新觀念或工作技巧，以迎接組織變革時，職業訓練是積極有效的促進觀念、知識與技能轉變的良方。

4. 以公關角度而言，職業訓練具有重要的意義，其價值體現在樹立了具有優良知識與技能的員工應該擁有的形象。

5. 職業訓練與安全衛生教育結合時，其結果將對工作場所的安全、健康有保障，確保人員、機器設備、組織形象等的安全。

6. 職業訓練對員工周轉率有積極的影響，當實施裁員或招聘計畫時，對於替換員工再培訓將能降低計畫的實施成本。

7. 員工參與職業訓練時，會有一種受到認可、支持、肯定的感受。因此，職業訓練具有激勵的作用，經過教育訓練後，員工較能掌握新的知識與技能。

8. 從交流而言，職業訓練意義表現在，與產品質量和顧客服務間有關的核心價值觀念在員工間獲得傳播，進而可以期望這些價值觀獲得強化與實現。

9. 經由職業訓練，使員工對於工作使命的闡述和組織目標有更好的理解，強化員工對組織的認同及凝聚向心力。

三、職業訓練功能

職業訓練主要目的在於培養國家建設所需要的技術人力，提升各行各業技能水準，增進國民就業能力，促進國民的充分就業，對於產業的升級及經濟發展助益良多。個人、雇主或企業、社會與經濟等層面的功能如下：

(一)個人層面

1. 協助未能就業或失業的人，學習必要的工作技術與知識，以具備基本的就業能力。
2. 彌補教育過程中實用技能的不足，提供個人接受專長或專業技術等補充或職前訓練的機會，使個人能在就業崗位上勝任愉快。
3. 針對個人面臨技術更新、機具的推陳出新、專業分工或是調職、轉職等的需求，安排在職進修或是轉業訓練等，以增進個人適應新工作環境或轉業能力，並緩和失業或不充分就業的現象。
4. 在職員工因於再進修，獲得技術與知識的滿足，解決工作上的困惑，適應進步與革新，開拓升遷機會。
5. 個人選擇參加職業訓練，除可減少升學的競爭壓力外，得以提前奠定就業能力的基礎，或是擁有技術證照，找到適當的工作，藉以改善個人或家庭生活，並實現自我成就與自我發展。

(二)雇主或企業單位層面

1. 培育新進人員，使其能迅速具備工作所需的技術與知識。
2. 填補因離職、退休、升遷或職務調動等情況所產生的缺額，以提高工作效率。
3. 企業透過職業訓練可自行培育所需求的人才，提升其新進員工的專業知識與實作的技術。
4. 在職員工因於再進修，能對企業單位提供新的技術與知識，提高生產效率，改善產品或服務的品質，可加速調適企業的經營結

構，增加企業單位的競爭力。

5. 企業單位的職業訓練為企業經營管理的長期投資，其效益包括提高生產效率，減少員工工作時間，降低生產成本、增加利潤，配合升遷與待遇調整等措施可以穩定員工的流動率，改善員工的工作表現與態度，增進員工工作滿意度等。

6. 學術研究與科技發展單位及職業訓練機構提供企業界員工進修與訓練機會，培訓專業人才，開發新產品與推動研究發展工作，引導企業走向技術密集與高科技的投資，裨益於經濟的持續發展。

(三)社會與經濟層面

1. 減緩激烈的升學競爭壓力，為青少年開拓學習上進的另外途徑。

2. 企業單位從事職業訓練所投入的人力與資本，為經濟成長與發展的主要因素。

3. 提供未就學、未就業青少年參加技術訓練的機會，獲得工作技術與知識，進而順利就業，預防青少年問題的發生。

4. 針對低就業能力者，如殘障者、低收入民眾、婦女與少數民族等的就業需要，協助其獲得一技之長，參加生產行列，減輕對家庭及社會的依賴，並有效運用人力資源，增加勞動參與率，增進社會安全福利。

5. 調節勞動市場的技術人力結構，以避免就業人力的閒置現象，達成社會的充分就業。

6. 增進國民職業技能與就業，減少失業的社會問題，舉辦轉業訓練，協助失業者獲得再就業能力，紓解失業的壓力。

7. 促使就業市場人力供需的配合，達成充分就業的目標，為促進人力資源發展與就業安全政策的必要措施。

第三節　職業教育與訓練

一、職業教育

(一)職業試探教育

依據技術職業教育法，高級中等以下學校應開設或採取融入式之職業試探、生涯輔導課程，提供學生職業試探機會，建立正確之職業價值觀。國民小學及國民中學之課程綱要，應納入職業認識與探索相關內容；高級中等學校及國民中學應安排學生至相關產業參訪。

國民中學為實施職業試探教育，得與技職校院或職業訓練機構合作辦理技藝教育；其實施辦法，由中央主管機關會商中央勞動主管機關定之。國民中學與職業訓練機構間之權利義務關係，應以契約定之，並由學校報主管機關備查。

(二)職業準備教育

高級中等以上學校辦理職業準備教育，其專業課程得由學校與產業共同設計，建構合宜之課程安排，且兼顧學生職業倫理之培養與職涯發展、勞動及技術法規之認識，並定期更新課程設計。

職業準備之專業課程，學校得參採各中央目的事業主管機關所定之職能基準，進行規劃設計，提供學生就業所需之職能。

各中央目的事業主管機關依產業創新條例所定職能基準應視社會發展及產業變遷情況，至少每二年檢討更新、整併調整，並於專屬資訊平臺公告。

學校得依類科、系所、學程之性質，開設相關實習課程。實習課程，如為校外實習時，其實施方式、實習場所、師資、學分採計、輔導及其他相關事項規定，除法令另有規定外，由學校定之。

(三)職業繼續教育

職業繼續教育，得由學校或職業訓練機構辦理。職業繼續教育應以開設在職者或轉業者職場所需課程爲主；其課程得參採各中央目的事業主管機關所定之職能基準，進行規劃設計，並定期更新。

學校辦理職業繼續教育，得安排學生至職場接受教育及訓練課程。前項職場教育及訓練課程，應由學校及合作機構共同規劃、設計，並與學生簽訂職場教育訓練契約。學生依第一項規定至職場接受教育及訓練課程時，學校主管機關得視需要，進行實地訪視；其訪視結果，得作爲核定學校年度調整類科、系所、學程、設班或經費獎勵之參考。

職業訓練機構辦理職業繼續教育，招生對象爲15歲以上或未滿15歲依「勞動基準法」第45條規定得受僱從事工作之在職者或轉業者。各職業訓練機構及合作學校依其辦理之教育階段課程，訂定其招生對象、年齡限制及資格條件等。

1. 學分採計：職業繼續教育課程由職業訓練機構開設，並且與高級中等學校或大專校院合作，共同規劃及設計。課程分爲高級中等教育階段及專科以上教育階段課程，不包括碩士班以上課程。課程採學分制，其學分及學分數之計算如下：

    (1)每1學分至少修讀18小時，上課週數至少2星期。

    (2)單科學分課程之學分數，最高爲6學分；總學分課程之學分數，最高爲20學分。

2. 修業期滿

    (1)職業繼續教育學員修習期滿，經考核成績合格者，由職業訓練機構於課程結束後一個月內，發給學分證明。

    (2)持有職業訓練機構學分證明者，得申請採認作爲入學條件；入學後，得依相關規定，申請抵免學分。

    (3)持有職業訓練機構學分證明者，得依學校、機關、機構或團體之規定，申請列入進修時數，並作爲升遷或考核之參考依據。

二、職業教育訓練

技職學校職業教育訓練合作教育，可以吸收技職學校優點，透過生產活動作具體的學習，提供職業準備教育。

(一)業師協同教學

學校得遴聘產業界之專家師傅，協同學校進行專業課程與實習科目之教學。業界專家之認定、權利義務、管理、學校開設課程及其他應遵行事項之辦法，教育部頒訂有「補助技專校院遴聘業界專家協同教學實施要點」。

(二)就業導向專班

技術型高級中等學校（高職）、普通型高級中等學校附設專業群科及綜合型高級中等學校專門學程為培育特定產業基層技術人力，得專案擬定計畫，報學校主管機關核定後辦理專班。專科以上學校為辦理職業準備教育，得與產業合作開設專班。專班之授課師資、課程設計、辦理方式、學分採計、職場實習及輔導等事項，由專科以上學校擬定實施計畫，報經學校主管機關核定後辦理。

第四節　建教合作教育

建教合作教育（cooperative education）為技職教育訓練中重要之一環。兼具有職業教育與職業訓練，工廠生產的功能，以達成教育、訓練、工作、經濟等目的。對穩定勞動人力資源，提升業界技術層次很有幫助。民國43年5月為配合國家經濟建設的需要，訂頒「建教合作實施方案」，63年頒布「建教合作實施辦法」，為國家的教育、經濟發展提供眾多貢獻。

一、建教合作

　　臺灣地區以中小企業為主，產業界資源較有限，若能善用技職學校的儀器設備、師資，進行合作，對於新產品的研究發展、製程的改善、員工教育、在職訓練、企業形象提升等方面都能事半功倍；相對的，學校與產業界合作交流，可以獲得較充裕的經費從事研究、避免教學與實務的脫節，對於教學目標與技術水準的達成助益甚大。

(一)建教合作內涵

　　建教合作教育係職業準備教育的一種，學生在訓練單位與學校中輪流接受教育與訓練，主要目地在於達成教育與學術目的價值，使工作崗位訓練及學校教育相關聯，並且與學生的生涯目標一致。建教合作的涵義有（張添洲，1991）：

1. 美國合作委員會（National Commission for Cooperative Education, NCCE）：建教合作教育是一種將在教室裡所實施的教育與在業界、政府機關或服務業工作所得到的實際工作經驗整合為一的教育設計。
2. 1968年美國職業教育修正法案（Vocational Education Amendments Act of 1968）：一種經由學校與雇主合作安排的職業教育方案，學生經由學校中的學習與任何行業現場工作的輪調安排，而接受由雇主與學校共同設計與督導，必修普通科目與職業相關科目的教導，與有助於學生的教育與就業能力。再者，工作期間與在校上課期間，可以依照半日、一日、一週或數週的輪調實施。
3. 德國雙軌制建教合作：技術生在工作場所接受實作訓練，而在技職學校接受理論課程與一般課程，使理論與實作相互配合。

(二)建教合作定義

1. 廣義：建教合作為教育機關與社會、經濟團體間廣泛之密切配合與相互合作，包括國家政策之制定、法令之推行、規章之制定、

科技研究、專題研究等。

2. 狹義：建教合作為教育機關與社會產業機構間，就其相關聯的知識、專業技能，進行教學與訓練方面的合作，以從事職業或技術訓練與教育工作。

輪調式建教合作教育制度是種結合了學徒訓練和職業教育的優點而成的國產教育制度，在制度運作中一班的學生在合作事業單位接受技術訓練與實習，使學生具有從事行職業所需知識技能與態度；另外一班於學校中修讀共同學科與專業知識，學生在學校稱學生，在工廠稱技術生，常採三個月於學校與工廠間輪調一次。

(三)建教合作名詞

依據「高級中等學校建教合作實施及建教生權益保障法」第3條，相關名詞：

1. 建教合作：指職業學校、附設職業類科或專門學程之高級中學及特殊教育學校（簡稱學校），與建教合作機構合作，以培育建教生職業技能為目標之機制。

2. 建教生：指於學校就讀，參加建教合作計畫，在一定期間內於建教合作機構接受職業訓練，領取一定生活津貼之在學學生。

3. 建教合作機構：指與學校簽訂建教合作契約，傳授建教生職業技能之事業機構。

4. 建教合作契約：指學校與建教合作機構所簽訂，由學校安排建教生於一定期間前往建教合作機構學習職業技能之契約。

5. 建教生訓練契約：指建教生與建教合作機構所簽訂，由建教生於一定期間內，在建教合作機構學習職業技能，受建教合作機構指導，並領取一定生活津貼之契約。

(四)建教合作功能

1. 能結合學校與產業界，使學生能學以致用。進而使技職院校所培育的技術人力資源，能夠適應經濟結構的變遷需求。教育界重視

產業界之意見，產業界參與教育界的工作，雙方攜手合作。

2. 能充分利用業界與社區的資源，節省學校的設備與經費，增進教育投資的功效，提升教育品質。

3. 經由產業界有計畫、有組織、且在學校與合作企業共同督導下的實習訓練，能融合理論與實際於一爐，使學生手腦並用，並能提供直接的職業探索與職業輔導，拓展學生對工作世界的認知。

4. 兼顧學術理論與工作經驗的貫通，期能技術配合工作，且能與理論相互印證。調和博雅教育與技術教育，增進學生身心健康。是達成職業教育目標的直接因素。

5. 適應國家、社會、家庭、個人等之需要，課程之編排、實習方式、技能學習，依照實際需要。

(五)建教合作準則

1. 建教合作必須是一種整合就業工作與學校教育為一體的學校本位方案，而不只是施教的設計。

2. 學生在學校外工作，必須是真實性的就業工作，所學習的知識與技能需要符合教育課程中能力本位的需求，亦即就業工作的內容與所學習學科有直接相關。

3. 學校外工作崗位上的訓練必須有計畫、有組織，且在學校與合作企業共同督導下的教育安排。

4. 學校、產業界、政府相關機關，需共同負責建教合作的實施。

(六)建教合作實施方案

常見建教合作的實施方式如下：

1. 輪調式（alternating plan）：輪流在學校內與建教合作機構工作，定期交互輪流；為當前建教合作教育的主流。

2. 階梯式（staircase plan）：前兩年在學校學習普通科目與專業科目，第三年再到建教合作工廠學習一年，才能畢業。臺灣省立（新北市立）三重商工於民國60年起辦理。

3. 實習式（field program）：學期中都在學校內上課，再利用寒暑假到建教合作機構上課學習。

4. 觀摩式（observation plan）：配合課程的需要，定期帶領學生到建教合作機構觀摩學習。

5. 工讀式（work study plan）：學生利用工讀時間到學校外工作，與學校所學不一定相關，以賺取生活費用、學費或學習社會經驗為目標。

6. 委託式：合作機構委託學校開班代為訓練員工，費用由委託單位負責。

7. 進修式：合作機構保薦現職員工到學校相關科系進修研習，或是在學校內成立建教班，聘請學校教師到工廠上課，作為在職員工的進修。

8. 代工式：學校在配合課程的原則下，接受合作機構委託的生產性工作，學生不僅可一方面學習，並可獲得津貼。

9. 獎學金式：合作機構給在校學生獎學金，等到學生畢業後，按照契約規定到該機構服務。

二、輪調式建教合作

輪調式建教合作教育始自民國58年9月由省立（臺中市立）沙鹿高工機工科一科二班，80名學生，與二所建教工廠合作試辦以來，為了配合業界對基層技術人力的殷切需求，促進產業升級，經濟發展的需求，逐步擴增辦理規模，已為臺灣技職教育訓練之重要特色。

(一)輪調式建教合作實施

輪調式建教合作教育原可吸收學校的優點，透過合作事業單位實地技術訓練、生產、服務活動的安排，進行具體的技能學習，提供職業準備教育，以建立起職業生涯發展的基礎。然而今日社會依然崇尚文憑主義，在以升學為導向的教育環境下，輪調式建教合作教育有調適的必要。臺灣建

教合作教育之實施，已成爲技職學校建教合作的主力：

1. 實驗期（民國58-62年）。
2. 奠基期（民國62-67年）。
3. 發展期（民國67-70年）。
4. 建制期（民國70-102年）。
5. 建全期（民國102年-）：爲健全建教合作制度，保障建教生權益，提升職業教育品質，於民國102年1月2日公布「高級中等學校建教合作實施及建教生權益保障」。共有總則、建教合作制度、建教合作契約及建教生訓練契約、建教生權益保障、建教合作之監督等五章39條，訂有明確之違規處罰條文。

(二)輪調式建教合作教育特性

1. 工作世界的學習經驗須與在校修習的科目有關。
2. 從事職業的探索、準備。
3. 具有就學、就業多方面的功能。
4. 所學與學生的生涯發展目標互相結合。
5. 學生同時具有學徒的身分。
6. 就業技術能力的獲得。
7. 充分利用社會資源。

三、輪調式建教合作效益

(一)學校

1. 藉由輪調式建教合作，擴大師生視野，吸取產業界新的知識與技能，促進學校發展。
2. 配合產業界的需要，使學校的課程更具有彈性與社會化。
3. 教育制度與產業界經營互相結合，消除教育上的孤立主義。
4. 增進學校對產業界的認識與了解，有助於調整辦學趨向，規劃教育革新。

5. 善用社會資源，減少部分昂貴機器設備的購置，降低教育投資與成本，發揮教育功能。

6. 提供學校教師與產業界接觸機會，獲取新的知識與技能，應用於教學上，提高教學效果。

7. 與產業界的合作、溝通，增進社會對學校教育的支持與了解。

8. 善用產業界的場所、設備、專門技術人員等，提供學生實習操作，彌補學校教學設備不足。

(二)學生

1. 可以半工半讀方式，達成就學、就業、學習技藝的願望。

2. 可以學習第一手資料與技術，增進就業能力與機會，加速累積學習經驗。

3. 能取得正式文憑與獲得技術士證照，技能獲得肯定。可繼續深造，不受限制。

4. 可學習產業界實用知識與技能，使理論與實際經驗互相驗證。

5. 學習生活與職業生涯互相結合，增進對工作世界的了解，具有豐富的工作經驗。

6. 提早社會化，增進個性成熟，適應社會生活，促進良好人際關係的建立，養成對社會的責任感。

7. 培養技術生獨立自主、刻苦耐勞、勤儉負責等精神。

8. 享有勞保、團體保險、學生平安保險等，獲得多重保障。

(三)家庭

1. 學生在廠建教期間，有最低基本工資之生活津貼，減輕家庭經濟負擔。

2. 學有一技之長，具工作經驗，不論升學或就業，充滿信心。

3. 適切的生活管理與輔導，減輕家庭負擔。

(四)產企業界

1. 辦理建教合作，有助於公司與工廠聲譽的提升及合作關係的推展。
2. 經常與學校聯繫，使業界管理經營更踏實。
3. 技術生工作穩定，減少員工流動率。提升員工素質，增加生產效率及產品之品質。
4. 經由學校教育及主管單位的評估、訪視、輔導增進業界的進步與成長。
5. 培訓產業界所需要的幹部及技術人力資源。
6. 參與提供服務社會，回饋社會的途徑。
7. 因技術生的加入工作行列，使業界年輕化，有活潑的朝氣。

(五)社會

1. 藉由建教合作教育，達成學用合一，增進教育效果。均衡人力需求，調節技術人力資源的供需。
2. 解決失學、失業青少年就學與就業的問題，有助於社會繁榮與安定。
3. 培育經濟建設所需要的技術人力資源，有效統合社會資源。
4. 建教合作可達成「學校為社區的建教中心」目標，達成人盡其才，才盡其用，減少社會問題的發生。
5. 引導青少年走向生產報國的途徑，有效開發人力資源。
6. 可以減輕教育支出，減少國中畢業學生的升學與就業壓力。
7. 落實延長以職業教育為主的國民教育政策。
8. 增加勞動生產力，提升技術層次，加速國家現代化。

四、三明治與產業學院

三明治教學強調「教學與實習」並重，「理論與實務」結合。一學期其在校內上課、一學期校外實習，形成「學習、實習、學習」建教合作方

式。國內首由高雄餐旅專校（餐旅科技大學）實施，成效良好，已逐漸擴大到其他學校。

87學年度第二學期國內技專校院流通管理類科實施「三明治教學」，首創與產業界進行「三合一」實習建教合作，學生畢業即同時完成入學進修、就業實習、認證受證三個階段程序，可擔任連鎖店店長以上職務。

(一)三明治教學模式

教育部技職司鼓勵技專校院實施「三明治教學」，讓學生結合理論與實務，並與職業訓練局協調開發更多職業證照職種。重視三明治教學的類科為餐旅管理、旅館管理、旅運管理、航空服務、物流管理等科系，技專校院流通管理相關類科採用的三明治教學法模式如下：

1. 門市實習方式：學生利用一、二年級的第二學期至相關連鎖門市部店面實習，修習流通管理學分，領有實習津貼與就學期間的獎學金。建教合作學生畢業後，經過認證考試通過，將授予專業職業證照，經過在職訓練或更高層次的教育後，可往上升遷。
2. 校外實習方式：高雄第一科技大學設立運輸與倉儲營運系、行銷與流通管理系，以校外實習八個月方式進行三明治教學。
3. 寒暑假校外實習方式：如大業大學與南臺技術學院採取寒暑假建教合作實習模式。
4. 暑假工讀方式：利用暑假工讀方式與相關廠商建教合作。

(二)產業學院

教育部為鼓勵技專校院建立機制，針對產業界具體之人力需求，對焦政府創新產業或人才短缺產業，以就業銜接為導向，契合辦理相應之產業學程或建立產學共同連貫式培育方案，培育具有實作力及就業力之優質專業人才為業界所用。

產業學院計畫是一個以就業實務為導向的產學合作人才培育計畫，所開設各種學分學程，都是以合作機構具體的技術人力需求為起點，由企業與學校共同來規劃實作課程及現場實務實習，以學程的方式幫助學生完成

就業實務訓練，使其結業後能為合作機構正式聘用。這樣的「契合式人才培育」學程有助於學業與就業無縫接軌，幫助企業找到其所需人才。

1. 計畫目的：鼓勵技專校院建立機制，針對產業界具體之人力需求，以就業銜接為導向，契合辦理相應之產業學程或建立產學共同連貫式培育方案，培育具有實作力及就業力之優質專業人才為業界所用。

2. 補助對象：公私立技專校院。

3. 學程領域：申請學校應對焦政府創新產業或人才短缺產業，另自106年度起，不再受理餐旅、觀光等人才充足之產業類別。

4. 合作模式

   (1)產業學程：申請學校應尋求合作之企業或公民營機構（以下簡稱合作機構）共同規劃契合產業人力需求之產業學程，並採取下列合作模式之一辦理：

   ① 單一系科與單一合作機構之合作。

   ② 單一系科與多家合作機構之合作。

   ③ 多系科與單一合作機構之合作。

   ④ 多系科與多家合作機構之合作。

   (2)產學連貫式共同培育方案：申請學校應尋求合作機構建置系科或學院產學合作連貫式共同培育方案（以下簡稱連貫式培育方案），並採取下列合作模式之一辦理：

   ① 單一科系與合作機構之合作。

   ② 單一學院與合作機構之合作。

五、就業導向專班

教育部為鼓勵高級中等學校培育產業需求之人才，與產業機構、訓練機構或大專校院，共同規劃推展以實務技能學習為課程核心之就業導向課程專班，期能協助學生實務技能及就業能力，並提升學生就業意願及比例，協助學生未來生（職）涯發展。

(一)辦理方式及原則

1. 就業導向專班以經各該主管機關核定原有班級（不包括輪調式及階梯式建教合作班級）之三年級調整辦理為原則。

2. 專班之規劃，應依學校發展特色、學生特質屬性與生涯發展需求，並結合產業需求，得採全（專）班或部分學生修習方式等多元模式實施。

3. 專班應依高級中等學校相關課程綱要之規定，針對產業機構之需求，共同規劃以實務為導向之校定課程。

4. 專班配合產業契合式人才培育之特殊需求，其課程規劃除依第二款規定辦理外，得依高級中等學校教育實驗辦法規定辦理。

5. 專班以強化學生實務能力及就業接軌為主，其就業率應達80%以上，並逐年提升。

(二)課程架構

計畫期程內，校定課程中應有60-80%之實務課程，並應採下列一種以上之方式辦理：

1. 赴職場體驗學習。

2. 赴產業機構實習。

3. 遴聘業界專家進行協同教學。

4. 其他能提升學生實務能力及促進就業之措施。

第七章　技能檢定與職業證照

　　我國為提升技術能力保障技能水準，促進社經發展，於民國61年9月發布「技術士技能檢定及發證辦法」，並於62年7月制定第一種技能檢定規範「冷凍空調裝修技能檢定規範」，於63年開始辦理技能檢定至今40餘年，辦理224種職類，具有相當的成果與貢獻。

第一節　技能檢定

　　技能檢定是實施職業證照制度的首要工作，自民國63年辦理技能檢定以來，取得技術士證照者達百萬人，對於提供技術人力、促進產業的發展貢獻至大。

　　技能檢定係政府對技術人員或從業人員所具有某項特定技術的能力或專業知識，採取公開的方式，依一定的標準予以學科或術科測定的一種制度，經測定合格者，由政府機關授以證書。

一、技能檢定內涵

　　全國技術士技能檢定，是中華民國之職場技能檢定，由勞動部勞動力發展署分署、技能檢定中心與縣市政府勞工局主辦，技專校院入學測驗中心基金會承辦，應考人必須通過學科測試與術科測試才能取得證照。技術士證照可分為甲級、乙級、丙級、單一級。乙級、丙級可直接報考，甲級必須有相關工作經驗才能報考。

(一)技能檢定功能

　　世界先進國家，德國、日本、英國、瑞士等均已建立完善的職業證照制度，其功能如下（蕭錫錡，1993）：

1. 建立正確的職業觀念，使國人更能對技術工作者產生尊重的態度。
2. 評鑑職業訓練與職業教育成效，作為改進的參考。
3. 提高技術水準，確保個人的公共安全，使個人的職業安全有保

障，並且防範危及大眾生命及財產的安全。

4. 確保工作品質，提升職業服務水準。

5. 儲備技術人力資源，評鑑技能水準，作為業界僱用人員的參考依據。

6. 激勵產業界及從業人員對於專業知識與技能提升的重視，促進經濟發展與產業技術升級。

　　技職教育推動職業證照，可確保學生學習成效之效益，並期使學生在工作職場上能表現出一定水準的品質和效率，加強推動職業證照已成為當前的重要政策。

(二)技術士

　　技術士係指通過技能檢定而取得職業證照者，分為甲級（技師級）、乙（師父級）、丙（學徒級）三級及單一級，凡是在職的從業員工，或是在學的學生、在訓中的學員，均可以依照各級技術士的報檢資格規定參加檢定。

　　經由職業訓練法的實施，提高工作技術與知識，促進國民的就業需要，同時強調職業訓練與技能證照制度的結合，以提升技術水準，增進就業安全的推展。

　　技術士已成為國內職業證照主流，教育部自民國81年起辦理技職學校在校生丙級專案技術士技能檢定，之後更修正各級學校招生同等學力之規定，於86年起持有甲、乙、丙級技術士證或相當於以上證照者，得以同等學力報考各級學校新生入學考試之資格。

　　隨後教育部陸續修訂相關辦法，使學生得以證照作為報考或甄審入學資格或自學進修學力鑑定考試之條件，持有證照之學生可享有入學考試加權計分優待等鼓勵措施；此外，也將各校教師持有證照的情形，納入教育部獎補助私立技專校院（含科技大學、技術學院和專科學校）整體發展獎補助經費核配標準，並將各校「學生在校期間取得證照情形」列入綜合評鑑參考要項，而將評鑑結果運用於招生總量調整、學雜費調整、獎補助等審查參考依據。

在教育部政策鼓勵與引導下，自84年起計有超過140萬名學生通過檢定取得丙級技術士證；並鼓勵與輔導技職教師通過檢定取得乙級技術士證。

(三)技職教育職業證照

技職教育證照化得當，將有助產學對接、裨益供需對話並促進無縫轉銜，產學雙方可因此互蒙其利，技術士已成為國內職業證照主流。自民國81年起辦理技職學校在校生丙級專案技術士技能檢定，現行技職教育體系積極推動職業證照，從早期的國中實用技能班、職校各專業類科、專科學校到技術學院、科技大學等不同層級，均有其相對應的技能檢定職類相配合。

教育部公布「高級中等以上學校科系與免試丙級技能檢定學科測驗職類名稱對照表」，凡專科學校和職業學校的科系與技能檢定各職類丙級相對應者，可以免試丙級技能檢定的學科測驗。

依據原「職業學校學生成績考查辦法」，建教班實用技能學程等學生，若通過技能檢定，訂有可抵免相關學科之學分。

教育部對以往所採認之證照，限以政府機關所核發之證照為主，為符合技專校院多元發展的需要，乃制定「技專校院取得民間證照認證執行計畫」，更進一步確認可採認之民間職業能力鑑定證書，期鼓勵技專校院發展特色，並注重實務教學，鼓勵學生報名參加檢定取得政府或已獲得推薦之民間職業能力鑑定證書。

各級學校學生取得專業證照與證書之數量，列為獎補助、評鑑、增調科班等各項審查時之參考依據；並逐步開放民間團體所辦理之職業證照，各校可納入招生甄選專業科目成績之加權計分優待。

二、技能檢定職類

應考人必須通過同職類同級別學科測試與術科測試，才能取得由勞動部核發的該職類級別的證照。若只取得術科的及格成績，可在間隔三年內取得學科及格成績，申請辦理合併發證。若只通過學科測試，已於104年起不再保留學科成績。

(一)甲級：英文字母分級為A

根據「技術士技能檢定及發證辦法」第二章第8條，具有下列資格之一者，可以報考甲級證照：

取得申請檢定職類乙級技術士證後：

1. 從事相關工作二年以上。
2. 職業訓練時數累計800小時以上。
3. 職業訓練時數累計400小時以上，並從事相關工作一年以上。
4. 具有技術學院、大學畢業或同等學力證明，並從事相關工作一年以上。

學歷	畢業科系與報考項目	從事相關工作資歷（年）
專科	相關	4
	非相關	6
技術學院或大學	相關	3
	非相關	5

(二)乙級：英文字母分級為B

根據「技術士技能檢定及發證辦法」第二章第7條，具有下列資格之一者，可以報考乙級證照：

1. 通過丙級技術士之後。
2. 接受相關職類職業訓練時數累計1,600小時以上，附帶從事相關工

作二年以上。

3. 接受相關職類職業訓練時數累計800小時以上，附帶從事相關工作三年以上或高級中學畢業從事相關工作一年以上。

4. 高中畢業或在校最高年級者。

5. 取得申請檢定職類丙級技術士證之學生。

6. 五年制專科三年級以上在校學生、二年制及三年制專科學生、大學與技術學院學生。

7. 接受相關職類技術生訓練二年後，從事相關工作二年以上者。

8. 高中畢業後，從事相關工作二年以上。

9. 大專校院以上

(1)相關科系畢業或在校最高年級者。

(2)非相關科系畢業，職業訓練時數累計800小時以上，或從事相關工作一年以上者。

累積時數（小時）	附帶條件
800	從事相關工作3年以上
	從事相關工作1年以上，且高級中等學校畢業
1,600	從事相關工作2年以上者
1,600以上	高中畢業
3,200以上	

10.從事相關工作六年以上。

(三)丙級：英文字母分級為C

年滿15歲或國中畢業，可報考丙級證照。

(四)單一級

年滿15歲或國中畢業者，得參加單一級技術士技能檢定。

三、其他規定

(一)非國人報考

外籍人士、大陸地區配偶或大陸地區人民專案許可取得長期居留證者、大陸學位生（陸生就學等）、無戶籍國民等報檢資格及注意事項如下：

1. 外籍人士：必須持有外僑居留證。
2. 大陸地區人民：必須持有依親居留證或長期居留證。
3. 大陸學位生（陸生就學等）報檢注意事項請參照技檢相關規定。

(二)技能競賽免術科

若參加技能（藝）競賽得獎得申請免術科測試。報檢人必須先符合報檢職類資格後，始得於報名時檢附免試術科證明或主管機關所出具免試術科公文影本提出申請免試術科，但報檢人如報名時未提出申請，視同一般報檢人，報名後不得要求更正及退費。

1. 國際技能競賽組織主辦之國際技能競賽、國際奧林匹克殘障聯合會主辦之國際展能節職業技能競賽，獲得前三名或優勝獎，自獲獎日起五年內參加相關職類各級技能檢定者。
2. 中央主管機關主辦之全國技能競賽或全國身心障礙者技能競賽成績及格，自及格日起三年內，參加相關職類乙級、丙級或單一級技能檢定者。
3. 中央主管機關主辦之分區技能競賽或經認可之機關（構）、學校或法人團體舉辦之技能及技藝競賽獲得前三名，自獲獎日起三年內，參加相關職類丙級或單一級技能檢定者。

前項得免術科測試之人員，應以獲獎日或及格日已開辦之職類擇一參加，其年限之計算依第10條第四項規定辦理。

前項得免術科測試之職類、級別及項目，由中央主管機關公告之。

(三)資格比照

依「職業訓練法」第34條規定，進用技術性職位人員之資格比照：

    1. 取得乙級技術士證者，得比照職業學校畢業程度遴用。

    2. 取得甲級技術士證者，得比照專科學校畢業程度遴用。

第35條規定：「技術上與公共安全有關業別之事業機構，應僱用一定比例之技術士。」以上規定，不但確定了技術士證的價值，也提高了技術人員的地位。

(四)其他

1. 報檢年齡認定：以出生日起計算至報檢單位簡章公告之該梯次「學術科測試及發證時程（起）」之日期為止。
2. 報檢資格日期之計算：計算至報名受理當日為止。
3. 持有身心障礙手冊、身心障礙證明或直轄市、縣（市）政府教育主管機關核發符合「特殊教育法」第3條障礙類別，於報名時得向學、術科測試辦理單位申請學、術科測試時間延長20%。並填寫「身心障礙者或符合特殊教育法」第3條障礙類別者協助申請表，以免權益受損。
4. 特定對象參加技術士技能檢定申請補助事項，得請依勞動部勞動力發展署技能檢定中心最新公告為主。
5. 技術士技能檢定學科測驗不分甲級、乙級、丙級（含單一級）採百分法計算，均以60分為及格。
6. 學科測試費用為120元，術科費用則依照職類不同，費用不一，以熱門之電腦軟體應用來說，報檢術科費用為1,780元。

四、技能競賽

技能競賽是結合教育、社會、經濟等多元目標與功能之社會活動，旨在一方面經由公開、公平、公正的競賽，以評鑑職業教育及職業訓練之成果，使青年技術人力能有互相觀摩、切磋與交流之機會，並激勵不斷鑽研更高深技能之興趣，以提高技術水準；另一方面在藉以選拔各職類優秀技術青年參加全國技能競賽，進而代表國家參加國際技能競賽，為國爭光。

同時藉競賽過程孕育職業榮譽感，對促進社會大眾重視職業技能及技術訓練，進而提升各行各業技術人員社會地位，以期建立正確職業觀念，對促進我國當前的經濟發展與產業升級，具有重大的實質意義。

(一)技能競賽主旨

　　技能競賽的主旨，在建立技能價值觀念，鼓勵青年參加職業教育與職業訓練，藉著競賽的方式，促進社會的重視，激起大眾的興趣，檢討職業教育與職業訓練的教學成果，並藉相互切磋與觀摩，提高技術人員的技能水準。

　　國際技能競賽1950年由西班牙發起舉辦，目前國際技能競賽組織（World Skills International）會員國計有76個國家（地區）。祕書處設於荷蘭。該國際組織之宗旨在藉由國際技能競賽大會及研討會等活動，增進各國青年技術人員之相互觀摩、了解與切磋，加強國際間職業訓練與職業教育資訊與經驗之交流，進而促進各國職業訓練與職業教育之發展（勞動部勞動力發展署，2017）。

(二)全國技能競賽

　　我國自民國57年開始舉辦第一屆全國技能競賽，每年辦理一次，各職訓機構、職業學校與工商企業均踴躍提名選手參加競技，實為職業訓練與技職教育之年度盛事。同時全國技能競賽因肩負著選拔優秀選手代表國家參加國際技能競賽的任務，因此參賽者的年齡限制在21歲以下，俾符合國際技能競賽組織的規定。

　　為因應經濟快速發展對技術人才之需求，競賽職類亦由最初的14職類，增加至47個職類，包括綜合機械、模具、集體創作、機電整合、電腦輔助繪圖（CAD）、機械設計製圖、電腦數值控制（CNC）車床、電腦數值控制（CNC）銑床、冷作（金屬結構製作）、資訊技術（軟體設計）、銲接、外觀模型創作、建築鋪面、汽車板金（打型板金）、板金、配管與暖氣、電子（工業電子）、網頁設計、電氣裝配（室內配線）、工業控制（工業配線）、砌磚、油漆裝潢（漆作）、石膏技術與乾牆系統（粉

刷）、家具木工、門窗木工、珠寶金銀細工、花藝、美髮（男女美髮）、美容、服裝創作、西點製作、汽車技術、西餐烹飪、餐飲服務、汽車噴漆、造園景觀、冷凍空調、資訊與網路技術、平面設計技術、麵包製作、工業機械修護、飛機修護、健康照顧、機器人、中餐烹飪、國服、鑄造及應用電子（視聽電子）。

每一職類各組前5名優勝選手之獎勵如下：（成績未達60分者，不列名次，亦不獎勵）

1. 第1名：獎金新臺幣8萬元、金牌1面、獎狀乙幀。

2. 第2名：獎金新臺幣6萬元、銀牌1面、獎狀乙幀。

3. 第3名：獎金新臺幣4萬元、銅牌1面、獎狀乙幀。

4. 第4、5名：獎狀乙幀。

5. 每一職類前5名優勝選手，列冊函送該年度技優生甄審及保送入學承辦學校參考。甄審及保送入學資格，則依教育部訂頒之「中等以上學校技藝技能優良學生甄審及保送入學辦法」、「高級中等學校技藝技能優良學生甄審及保送入學實施要點」、「專科學校技藝技能優良學生甄審及保送入學實施要點」及招生辦法或簡章規定申請職業學校、五專、二專、四技或大學相關科系進修，俾成為理論與技術兼備中堅技術人才。

6. 全國技能競賽成績及格者，由主辦單位核發競賽成績及格證明書，自及格日起三年內參加相關職類乙級或丙級技能檢定，得免術科測試（技能檢定職類對照表未表列者，則無法申請免術科測試）。

(三)全國身心障礙者技能競賽

全國身心障礙者技能競賽目的，在激發身心障礙人士信心、毅力與勇氣，使能走出陰霾，積極參與社會經濟性、生產性的行列，發展工作潛能，達到自我實現的目標，進而促使社會大眾對身心障礙人士的工作能力予以重視與肯定，充分提供就業機會。

為配合每四年舉行一次之國際展能節，自民國73年起，舉辦全國身

心障礙者技能競賽，另為開拓身心障礙人士更廣闊的技能學習空間，自87年起改為每二年辦理一屆競賽。辦理職類也由第一屆的8個職類增加到目前的籐藝、家具木工、電腦程式設計、網頁設計、電腦輔助機械繪圖、軟體應用（英文文書處理）、資料庫建置、陶藝、繪畫（手工絹繪）、基礎女裝、男裝、工業電子、珠寶鑲嵌、攝影、海報設計、編輯排版、蛋糕裝飾、電腦組裝、平面木雕、自行車組裝（機件組裝）、西餐烹調、廣告牌設計、進階女裝、電腦輔助立體製圖、電腦操作、花藝、電腦中文輸入等27個職類，選手人數與競賽職類逐年大幅成長，足證身心障礙朋友對此活動的關注與需要。

　　參加全國身心障礙者技能競賽獲前3名的選手，獲頒之獎金、獎牌，均與全國技能競賽之前3名的選手相同。凡全國身心障礙者技能競賽及參加國際展能節獲得前3名之優勝選手，均可依中等以上學校技（藝）能優良學生甄試及甄審保送入學辦法至各公、私立大專院校相關科系再進修之激勵措施。

(四)國際技能競賽

　　國際技能競賽每二年舉辦一次，由會員國申請主辦，迄今已舉辦43屆，目前競賽職類達50種。我國自民國59年起參加該組織，自第20屆國際技能競賽大會起，每屆均派選手參加，成績優異，深獲國際間之重視。82年7月19日至8月2日在臺北市成功主辦第32屆國際技能競賽。

　　第42屆國際技能競賽在德國萊比錫（Leipzig）舉行，第43屆國際技能競賽由巴西主辦，第44屆國際技能競賽由阿拉伯聯合大公國主辦，2017年10月11日至21日在阿布達比舉行（勞動部勞動力發展署，2017）。

　　我國正致力發展技術密集工業及服務業之際，對技術人力「量與質」之需求均感日益殷切。除應積極推展職業教育與職業訓練，擴大辦理技能檢定外，亦應全面舉辦技能競賽，以擴大影響，蔚成風氣，促進全國各界對技術教育與訓練之重視，使青年踴躍參加職業教育與職業訓練，成為國家經濟、社會建設主要力量（勞動部勞動力發展署，2017）。

第二節 職業證照

職業證照對於就業市場而言，不但是品質保證機制，也是資歷的管控措施。專業證照全面化已是主要先進國家的特徵之一，職業證照可確保從事某一項工作或執行業務的工作流程與成果的品質，表現出更佳的生產效率或服務品質。民國72年「職業訓練法」公布後，對製造業和服務業之從業人員需要具備各項技能有強烈的需求，證照逐漸受到重視。

一、證照

經政府機關核准的各項職業證照（certification），逐步引介到人才培育體系中，於是職業證照在政策引導下，受到後期中學技能教學的重視，迄今技職教育體系加強推動技能證照，已是當前的重要教育政策。

透過職業證照的認證，可確保專業技能的精熟學習成果與品質保證，對賦予學生一技之長，開展個人職業生涯有高度的助益；對確保產業產品品質或服務品質，大有貢獻。

(一)證照內涵

證照是品保機制也是管控措施，證照泛指通過認證（certify）之證明文件，可用以證明個人具有該專／職業所需的基本專門知能與技術能力，亦是個人成為專／職業人員品質保證的機制。

證照層次：證照也可視為一種經濟活動的資格管制措施，有證照的合格人員才能在有職業證照要求的領域中執業。不同專／職業證照制度的管制程度會有差異，說明如下：

1. 註冊（registration）：係個人參與某活動必須將個人資料登錄於官方，但未有法律條款否定他人參與的權利。
2. 證書（certificate）：乃可證明個人具有某項專業技術／能力的證

明，但無法防止不具證書者利用該技術／能力執業。

3. 執照（license）：則是個人欲從事某職業必須經核定機構取得執照，而執照的取得不只是種形式，也是證明其具有該專／職業應有的知能，若沒有執照則無法執業。

(二)證照目標

證照的建立有多重的利基，建立職業證照制度目的在藉由從業人員證照制度的建立，確保及提升從業人員的素質，進而促進國人的技術能力。建立證照制度有下列利基（黃同圳，2009；勞動部勞動力發展署，2017）：

1. 增進社會認同：由於經濟型態轉變，社會日益進步，各行各業對從業人員所需的知能要求也日漸提高，具有相關證照者，可提高其專業形象及社經地位，增進社會大眾的認同與肯定。

2. 增強自我肯定：持有職業證照者表示其具有該專／職業的從業標準。有時，即使在相同領域學習者（如醫學院、會計系、財管系等學系的學生），也並非都能通過檢定考試、取得證照。因此，證照制度的建立有助於提升專／職業人員自我肯定及強化自信心。根據調查報告顯示，有五成的民眾認為可透過證照的取得以證明自己的實力。

3. 裨益專業認同：評判一個職業是否具有專業化，可由專業教育、專業訓練與進修、專業倫理與規範、專業自主性、專業證照制度及專業組織等六方面去判斷，即某一領域專／職業證照制度的建立有助該領域之專業化。

4. 促進專業發展：證照制度除可作為人力品管標準，確保工作者具有基本必備知能，又常將證照分級或訂有有效期限，以促進持有者持續進修、充實自我，並參加較高級別的檢測或於有效期限屆滿前再次參檢，均有助於促進專業之發展。

5. 有利公平就業：證照的取得是經由公開、公正的考試方式，參與者憑其個人知能取得該項證照，進而取得就業與執業的資格，有

利公平就業精神落實。

(三)證照功能

技能檢定與證照制度的功能如下：

1. 維持技術人力的充分供應，提高人力素質，以激勵產業技術升級，促進經濟發展。
2. 增加合格者的就業機會、工作權益，保障從業員工的就業機會或作為執業時的憑藉，以保障國民的就業安全。
3. 確保產品的品質與服務水準。
4. 確保公共安全：屬於公共安全或足以影響個人生命財產安全的行業，如冷凍空調、消防安全、升降機的裝修、工業配線、下水道設施操作維護等皆需具有合格證照者才能從事，以策安全。
5. 提供寬廣的晉升進修之路及創業的機會，在工作中發揮潛能，自我成長，滿足成就動機與實現自我。
6. 導正國人的職業觀念，發揮公平的就業精神。

二、職業證照

職業證照是有效地將個人的專業外顯化，及代表個人執行一項工作任務，具備一定程度的可靠性和有效性，其代表的工具性意義，實已成為個人在職場就業力與競爭力的重要憑藉。

(一)職業證照意義

各國為致力發展技術密集工業及服務業之際，對技術人力「量」與「質」之需求均感日益殷切。除應積極推展職業教育與職業訓練，擴大辦理技能檢定外，亦應全面舉辦技能競賽，以擴大影響，蔚成風氣，促進全國各界對技術教育與訓練之重視，使青年踴躍參加職業教育與職業訓練，成為國家經濟、社會建設主要力量。

職業證照指從事某項專／職業或工作之人員，必須擁有可從事該職業

或工作之能力證明。首先是規範取得執行該專／職業或工作之資格，通常由政府、技職教育證照制度的回顧與展望公證機關、同業公會或職業工會來訂定。

證照取得方式一般以考試爲之，通過考試或檢定者由上述機構頒發證書。再者，規範從事該項職業或工作，應有上述機構頒發之證書的相關規定。這種規定可由政府、同業公會或職業工會訂定，我國通常由相關目的事業主管機關訂定（行政院勞工委員會，2012）。職業證照可視爲「證和照」複合的名詞：

1. 證：爲個人經由接受某種教育或訓練課程的學習歷程後，其學習成就獲得肯定後所獲得的「證明」。
2. 照：可視爲具有公權力，通常由目的事業主管機關控管。「照」有其法令依據的專業權利和義務，各發照機構亦常有相配合之換照機制。
3. 證照：係爲檢驗從事某一項工作任務之個人，其具備之能力是否符合事先制定的一定標準，給予通過者的一種證明。

(二)職業證照制度

職業證照制度指從事某項職業或工作之人員必須擁有可從事該職業或工作之證照的一種制度，其實施範圍主要對兩大類的從業人員加以規範：

1. 攸關公共安全或足以影響消費大眾個人生命財產安全的行業：例如消防安全、設備裝置保養、堆高機操作、鍋爐操作、工業配電等高危險性工作。
2. 足以影響其服務水準，甚至個人生命財產、服務品質等的專業技術職業，例如：餐飲業、美髮業、按摩、汽車修護、醫師、醫事檢驗師、律師等。

(三)職業證照種類

現行職業證照所涵蓋的職業範圍相當廣泛，依其法源、考照方式不同，主要分類有（黃同圳，2009）：

1. 專門職業及技術人員考試：由考試院依「專門職業及技術人員考試法施行細則」第2條規定，針對與民眾生命財產、社會安全或權益關係密切的職業，應領有證書始能執業，如土木技師、建築師、醫師、消防設備師、會計師等皆屬之。專門職業及技術人員證照達百餘種，含高等考試、普通考試等。

2. 技術士技能檢定：由行政院勞動署（前勞委會）職訓局依「職業訓練法」所舉辦之技能檢定考試，及格者授與證書。技術士證依技能範圍及專精程度分為甲級、乙級、丙級等三級，不能分級者稱單一級，如美容美髮業技術士、會計事務乙級技術士檢定等，所檢定之類別逐年增加中，至今辦理職類兩百餘種，取得丙級證照約九成。

3. 各行業主管機關訂定之證照考試：各業主管機關依相關法規訂定的證照考試制度，有些證照與職能標準由政府與業界合作推動，以提升職能及國際競爭力，如經濟部所推動連鎖加盟會議展覽、物流業等之人才認證等。

4. 民間專業團體或專業機構自行舉辦的證照考試：此類證照並無法源依據，主要由市場接受度來決定其效用，如金融證照、電腦相關證照、語文認證；有些是國際認同之證照，甚具價值，如精算師（Society of Actuaries, SOA）或專案管理師（Project Management Professional, PMP）。

交通部依「公路法」委由交通部公路局、臺北／高雄二市監理處辦理汽車修護技工考驗及委由各地監理所（站）辦理職業駕照考試；針對技職教育需求，教育部頒布「自學進修學力鑑定考試職業證照與專科學校類科對照表」，是目前重要的參考標準，其目的在獎助專科學校實施教師實務經驗暨教職員工職業證照。

根據勞委會的資料顯示，30歲以內約六成持有證照，青年勞工持有證照者占58.7%；其中擁有「技術士證」者最多，約占32.5%，其次為「電腦證照」約占16.4%，「專門職業及技術人員考試及格證書」約占12.8%，「金融證照」約占6.5%，「語文認證」約占5.0%。

目的事業主管機關	職業證照種類	備註
考試院	高等與普通考試、特種考試（升等考試）：護理師、律師等	公務人員考試
勞動署（前勞工委員會）	技術士技能檢定	甲級、乙級、丙級、單一級
行政院各部會所頒發之技能證照，如：交通部專門職業及技術人員考試	交通部：郵政、電信、公路、鐵路、航運人員考試；原能會輻射防護人員；環保署廢水、空汙、毒物及廢棄物清理人員；經濟部甲種電匠等	交通專業人員任用條例辦理
各主管機關自行舉辦	自來水承裝技工考驗與配管技術士檢定，電匠考驗與室內配線技術士技能檢定併職訓局辦理 國際證照及民間協（學）會自行辦理之證照、金融人員證照、專案管理證照、資訊相關證照（Cisco, JAVA, Oracle）、電腦操作相關證照等	民間自行辦理

(四)技職教育職業證照功能

　　隨這科技產業之快速發展，全球經濟化，產業垂直分工態勢的形成，人才競爭國際化日趨激烈已成為常態，專業證照是個人在職場競爭的憑藉。加強推動職業證照政策，對臺灣技職教育的發展將產生深遠影響。在校生取得證照對個人有五大效益（教育部，2008）：

1. 證明技職校院學生在校期間之學習成就。
2. 畢業後就職工作等，可證明具備專業能力。
3. 取得技能證照就是品質保證，尤其是與民眾身體健康、安全有關之行業。例如機電維修、水電、電梯、餐飲、烘焙食品、食品加工等。
4. 升學可以獲得加分、具備保送或其他甄審甄試優待。
5. 部分職業證照具有執業效力或參加職業團體之許可，是創業必備的證件。

期間	甲級（%）	乙級（%）	丙級（%）	總計
106年7月底	18,855 （2.43%）	812,573 （10.48%）	6,923,261 （89.27%）	7,754,689

備註：單一級：指起重機操作、鋼琴調音、氬氣鎢極電焊、半自動電焊、
　　　壓力容器操作、重機械操作等之證照，6萬餘張，併入丙級。

技術士技能檢定105年至106年9月統計如下表：

期間	到檢人數	合格張數	合格率	甲級	乙級	丙級	單一級
105年	594,847	391,642	65.84	991	49,007	290,642	51,002
105年9月	49,649	34,708	69.91	2	3,284	26,820	4,602
105年10月	27,020	18,092	66.96	7	2,182	10,083	5,820
105年11月	59,833	36,024	60.21	412	6,158	21,846	7,608
105年12月	12,635	8,025	63.51	1	1,888	4,286	1,850
106年1月	6,827	4,114	60.26	14	2,220	1,728	152
106年2月	26,680	15,153	56.80	22	9,017	5,207	907
106年3月	62,945	39,786	63.21	23	12,965	18,838	7,960
106年4月	42,701	23,133	54.17	317	4,004	15,548	3,264
106年5月	32,885	24,016	73.03	－	1,152	18,611	4,253
106年6月	72,789	51,488	70.74	8	1,232	44,444	5,804
106年7月	70,484	48,173	68.35	19	1,808	40,375	5,971
106年8月	124,609	85,489	68.61	358	1,613	77,343	6,175
106年9月	61,188	43,501	71.09	－	3,192	33,756	6,553

(五)職能培育

1. 職能培育：職能進修係對15歲以上有就業意願之失業或待業者，
規劃符合就業市場需求之培育職類，透過參加培育課程，協助失
業或待業者進入就業市場，增加就業競爭力，培育期滿經測驗成
績及格者，由本學院發給結訓證書。

2. 職能進修：職能進修係提供15歲以上在職者或一般民眾轉職或在職進修之課程，可協助在職者習得第二專長，以獲得工作技能與知識或滿足一般民眾進修學習之需求。

三、中國證照

中國證照的種類繁多，有執業資格證書、職業資格證書、技術資格證書、職業培訓證書、職稱證書等。對臺商而言，在大陸較具價值的證照是人事部會同國務院各有關業務主管部委所考核的執業資格證書，具有就業准入的證書價值。

中國的職業培訓證書，代表接受過某種的職業技能訓練而已，至於近年來逐漸流行的各行業協會所考核頒發的技能證書，並不具備國家證書的地位。中國職業證照相關內涵（中國證照網，2017）：

(一)職業技能鑑定

它是按照國家規定的職業標準，通過政府授權的考核機構，對勞動者的專業知識和技能進行客觀、公正、科學、規範地評價與認證的活動。

(二)證照功能

1. 能夠熟練運用基本技能和特殊技能在本職業的各個領域完成複雜的、非常規性的工作。
2. 熟練掌握本職業的關鍵操作技能技術。
3. 能夠獨立處理和解決高難度的技術或工藝問題。
4. 在技術創新、工藝革新和技術改革方面有創新。
5. 能組織開展技術改造、技術革新和進行專業技術培訓。
6. 具有管理能力。

(三)證照等級

中國勞動部將職業資格劃分為從高到低共五個等級。每個等級反映了

實際工作中該級別所需的知識的能力，以及在工作中擁有的責任和權力：

1. 一級（高級技師級）：具有高超精湛技藝和綜合操作技能，能解決本工種專業高難度生產工藝問題，在技術改造、技術革新以及排除事故隱患等方面有顯著成績，而且具有培養高級工和組織帶領技師進行技術革新和技術攻關能力的人員。

2. 二級（技師級）：能夠熟練運用基本技能和專門技能完成較為複雜的、非常規性的工作；掌握本職業的關鍵操作技能技術；能夠獨立處理和解決技術或工藝問題；在操作技能技術方面有創新；能組織指導他人進行工作；能培訓一般操作人員；具有一定的管理能力。

3. 三級（高級）：夠熟練運用基本技能和專門技能完成較為複雜的工作；包括完成部分非常規性工作；能夠獨立處理工作中出現的問題；能指導他人進行工作或協助培訓一般操作人員。

4. 四級（中級）：能夠熟練運用基本技能獨立完成本職業的常規工作；在特定情況下，能運用專門技能完成技術較為複雜的工作；能夠與他人合作。

5. 五級（初級）：能夠運用基本技能獨立完成本職業的常規工作。

大陸已開放：通訊、出版、投資建設項目管理師、管理諮詢師、義肢與矯形器製作師、地震安全評價工程師、監理工程師、註冊驗船師、註冊設備監理師、註冊計量師等專業技術人員資格考試。

(四)全國鑑定考試

屬於全國統一鑑定考試，有：理財規劃師、人力資源管理師、心理諮詢師、營銷師、項目管理師、物業管理師、職業指導師、電子商務師、物流師、企業信息管理師、廣告設計師等。

以熱門的餐飲職類考試類別，包括：調酒師、中式烹調師、西式烹調師、中式麵點師、西式麵點師、茶藝師、藥膳師等。

附錄

附錄一　技術及職業教育法

中華民國104年1月14日總統華總一義字第10400002681號令制定公布全文29條；並自公布日施行

中華民國108年12月31日總統華總一義字第10800141691號令修正公布第25、26條條文

第一章　總則

第1條　為建立技術及職業教育（以下簡稱技職教育）人才培育制度，培養國人正確職業觀念，落實技職教育務實致用特色，培育各行業人才，特制定本法。

第2條　本法主管機關：在中央為教育部；在直轄市為直轄市政府；在縣（市）為縣（市）政府。

　　　　本法所定事項，涉及各目的事業主管機關職掌者，由各該目的事業主管機關辦理。

第3條　本法用詞，定義如下：

　　　　一、職業試探教育：指提供學生對職業之認識、探索及體驗教育。

　　　　二、職業準備教育：指提供學生進入職場所需之專業知識、技術及職業倫理涵養教育，及建立技職專業之榮譽感。

　　　　三、職業繼續教育：指提供在職者或轉業者，再學習職場所需之專業技術或職業訓練教育。

　　　　四、技職校院：指技術型高級中等學校、普通型高級中等學校附設專業群科、綜合型高級中等學校專門學程、專科學校、技術學院及科技大學。

　　　　五、技專校院：指專科學校、技術學院及科技大學。

六、職業訓練機構：指依職業訓練法登記或許可設立之職業訓練機構。

第二章　技職教育之規劃及管理

第4條　為培育符合國家經濟及產業發展需求之人才，制定宏觀技職教育政策綱領，行政院應定期邀集教育部、勞動部、經濟部、國家發展委員會及其他相關部會首長，召開技職教育審議會；其委員之遴聘、組織及運作辦法，由行政院定之。

前項綱領，至少每二年應通盤檢討一次並公告之。

第5條　中央主管機關應自行、委任或委託學校、法人、機關（構）或團體，進行技職教育相關資料之調查及統計。

中央目的事業主管機關應彙整所轄產業人才需求相關資料，並提供產業人才需求調查及推估報告，送中央主管機關。

中央主管機關應定期公告第一項技職教育統計資料與各級各類產業、職業發展及人力需求資訊。

第6條　直轄市、縣（市）主管機關應每三年向中央主管機關提出技職教育報告，由中央主管機關據以訂定技職教育發展報告。

第7條　主管機關應衡酌區域產業及個人就業需求，配合社會、經濟及技術發展，規劃所轄學校技職教育之實施。

直轄市、縣（市）主管機關辦理技職教育具有成效時，中央主管機關得提撥經費予以獎勵；其獎勵之條件、方式及其他應遵行事項之辦法，由中央主管機關定之。

第8條　主管機關應邀請政府相關單位、學者專家、社會人士、企業界代表、學校代表、教師團體代表、產業（職業）公會或工會等單位之代表，組成技職教育諮詢會，提供技職教育相關事項之諮詢。

前項技職教育諮詢會之組成，任一性別委員人數不得少於委員總人數之三分之一。

第三章　技職教育之實施
第一節　職業試探教育

第9條　高級中等以下學校應開設或採融入式之職業試探、生涯輔導課
　　　　程，提供學生職業試探機會，建立正確之職業價值觀。

　　　　國民小學及國民中學之課程綱要，應納入職業認識與探索相關內
　　　　容；高級中等學校及國民中學應安排學生至相關產業參訪。

第10條　國民中學為實施職業試探教育，得與技職校院或職業訓練機構合
　　　　作辦理技藝教育；其實施辦法，由中央主管機關會商中央勞動主
　　　　管機關定之。

　　　　國民中學與職業訓練機構間權利義務關係，應以契約定之，由學
　　　　校報主管機關備查。前項契約之格式、內容，中央主管機關應訂
　　　　定定型化契約範本及其應記載及不得記載事項。

第二節　職業準備教育

第11條　高級中等以上學校（以下簡稱學校）辦理職業準備教育，其專業
　　　　課程得由學校與產業共同設計，建構合宜之課程安排，且兼顧學
　　　　生職業倫理之培養與職涯發展、勞動及技術法規之認識，並定期
　　　　更新課程設計。

　　　　前項專業課程，學校得參採各中央目的事業主管機關所定之職能
　　　　基準，進行規劃設計，提供學生就業所需之職能。

　　　　各中央目的事業主管機關依產業創新條例所定職能基準應視社會
　　　　發展及產業變遷情況，至少每二年檢討更新、整併調整，並於專
　　　　屬資訊平臺公告。

　　　　技專校院應依各中央目的事業主管機關所定之職能基準每年檢討
　　　　課程內容。

第12條　學校得依科、系、所、學程之性質，開設相關實習課程。

　　　　前項實習課程，如為校外實習時，其實施方式、實習場所、師
　　　　資、學分採計、輔導及其他相關事項規定，除法令另有規定外，
　　　　由學校定之。

學校辦理校外實習課程，需由政府機關（構）、公營事業機構提供實習名額時，依下列方式辦理：

一、政府機關（構）：由學校檢附校外實習課程計畫書，專案報學校主管機關會商相關政府機關（構）核定。

二、公營事業機構：學校主管機關得會商公營事業主管機關轉洽所屬事業機構，提供實習之名額、對象及方式，並由學校主管機關依會商結果彙總公告校外實習課程計畫及實習技術生之招募訊息，經評選或甄選決定之。

第13條　主管機關應就學校辦理實習課程實施績效評量；其評量之內容及其他應遵行事項之辦法，由中央主管機關定之。

辦理實習課程績優之學校、合作機構及其相關人員，主管機關得予獎勵。

學校辦理校外實習之合作機構，長期提供學校實習名額，且實習學生畢業後經一定程序獲聘為該機構正式員工達中央主管機關所定一定比率者，主管機關應報經中央主管機關轉請中央目的事業主管機關予以獎勵。

第14條　學校得遴聘業界專家，協同教學。

前項業界專家之認定、權利義務、管理、學校開設課程及其他應遵行事項之辦法，由中央主管機關定之。

主管機關對有大量員工參與學校實務教學之企業，應予獎勵。

第15條　學校應鼓勵教師及學生參與技藝競賽或取得與所學及就業相關之證照，提升學生就業能力；辦理績效卓著之學校，主管機關得予獎勵。

各中央目的事業主管機關應彙整所轄產業之證照，送中央主管機關定期公告。

前二項證照之認定、第一項獎勵之條件、方式及其他應遵行事項之辦法，由中央主管機關會商中央目的事業主管機關定之。

第16條　技術型高級中等學校、普通型高級中等學校附設專業群科及綜合

型高級中等學校專門學程爲培育特定產業基層技術人力，得專案擬訂計畫，報學校主管機關核定後辦理專班。

前項專班不受高級中等教育法第六章、第七章關於學生資格、入學方式、就學區劃分、課程及學習評量規定之限制。

第17條　專科以上學校爲辦理職業準備教育，得與產業合作開設專班。前項專班之授課師資、課程設計、辦理方式、學分採計、職場實習及輔導等事項，由專科以上學校擬訂實施計畫，報經學校主管機關核定後辦理。

第18條　技專校院應強化職能導向課程，並與技術型高級中等學校、普通型高級中等學校附設專業群科、綜合型高級中等學校專門學程共同建立課程銜接機制，以利學生職能培養。

第19條　技專校院得優先招收具一定實務工作經驗之學生，並於招生相關章則增列實務工作經驗之採認及優惠規定，經招生委員會審議通過，報中央主管機關核定後實施。

第三節　職業繼續教育

第20條　職業繼續教育，得由學校或職業訓練機構辦理。

職業繼續教育依其辦理性質，由學校提供學位證書、畢業證書、學分證明或學習時數證明。

職業繼續教育應以開設在職者或轉業者職場所需課程爲主；其課程得參採各中央目的事業主管機關所定之職能基準，進行規劃設計，並定期更新。

前項職業繼續教育之招生對象、課程設計、學習評量、資格條件、招生方式及其他應遵行事項之辦法，由中央主管機關定之，必要時，得會商中央勞動主管機關，不受高級中等教育法第35條至第40條入學方式、第七章課程及學習評量，專科學校法第31條第2項招生方式及大學法第24條第1項後段招生方式之限制。

第21條　學校辦理職業繼續教育，得安排學生至職場接受教育及訓練課程。

前項職場教育及訓練課程，應由學校及合作機構共同規劃、設計，並與學生簽訂職場教育訓練契約。

前項職場教育訓練契約應載明教育訓練內容、學校、合作機構及學生之權利義務、學習評量、畢業條件等。

前項契約之格式、內容，中央主管機關應訂定定型化契約範本及其應記載及不得記載事項。

學生依第一項規定至職場接受教育及訓練課程時，學校主管機關得視需要，進行實地訪視；訪視結果，得作為核定學校年度調整科、系、所、學程、班或經費獎勵參考。

第22條　職業訓練機構辦理職業繼續教育時，應就授課師資、課程、辦理方式、學分採計等，擬訂職業繼續教育實施計畫，報主管機關核定後辦理。

前項職業繼續教育課程之認可、學習成就之採認及其他應遵行事項之辦法，由中央主管機關會商中央勞動主管機關定之。

第23條　職業訓練機構所辦職業繼續教育，主管機關得委託學術團體或專業評鑑機構辦理評鑑或訪視，並公告結果；其評鑑、訪視及其他應遵行事項之辦法，由主管機關定之。

第四章　技職教育之師資

第24條　高級中等以下學校師資職前教育課程應將職業教育與訓練、生涯規劃相關科目列為必修學分。

高級中等學校職業群科師資職前教育課程，應包括時數至少十八小時之業界實習，由師資培育大學安排之。

第25條　技職校院專業科目或技術科目之教師，應具備一年以上與任教領域相關之業界實務工作經驗。但有下列情形之一者，不在此限：

一、本法中華民國一百零四年一月十四日施行前已在職之專任合格教師。

二、中華民國一百零八年七月三十一日以前已取得技術型高級中

等學校、普通型高級中等學校附設專業群科、綜合型高級中等學校專門學程各該類科合格教師證書，應聘高級中等學校專業科目或技術科目之專任合格教師。

前項與任教領域相關之業界實務工作經驗之認定標準，由中央主管機關定之。

高級中等學校於聘任專業科目或技術科目之專任合格教師時，應優先聘任具備一年以上與任教領域相關之業界實務工作經驗者及第一項第一款者，並於有缺額時，始得聘任第一項第二款之未具一年以上工作經驗者。

第26條　技職校院專業科目或技術科目教師、專業及技術人員或專業及技術教師，每任教滿六年應至與技職校院合作機構或與任教領域有關之產業，進行與專業或技術有關之研習或研究，技專校院教師之研習或研究期間，應至少半年；技職校院相關研習或研究之辦法，由中央主管機關定之。

前項研習或研究期間，技職校院應保留職務、支付薪給、給予公假，並事先簽訂契約書，約定研習或研究起迄年月日、服務義務、違反規定應償還費用之條件、核計基準及強制執行等事項。

技職校院因教學或業務需要，主動薦送、指派或同意教師、專業及技術人員或專業及技術教師至與技職校院合作機構或與任教領域有關之產業研習或研究，其辦理方式不受前二項規定之限制。

第一項產業研習或研究，由技職校院邀請合作機構或相關職業團體、產業，共同規劃辦理；必要時，得由主管機關協助之。

技職校院推動專業科目或技術科目教師、專業及技術人員或專業及技術教師定期至產業研習或研究，辦理績效卓著者，主管機關得予獎勵。

第五章　附則

第27條　私人或團體對於技職教育教學設備研發、捐贈學習或實驗設備、

提供實習機會及對學生施以職業技能訓練著有貢獻者，中央主管

機關得會商中央目的事業主管機關，予以獎勵。

第28條　本法施行細則，由中央主管機關定之。

第29條　本法自公布日施行。

附錄二　技術士技能檢定作業及試場規則

中華民國92年12月31日行政院勞工委員會勞中一字第0920100400號令訂定
發布全文64條；並自發布日施行
中華民國108年8月27日勞動部勞動發能字第1080511011號令修正發布；並
自109年1月1日施行

第一章　總則

第1條　本規則依職業訓練法（以下簡稱本法）第三十三條第三項規定訂
　　　　定之。

第2條　本法第三十三條第三項所稱技能檢定規範，係指技能檢定之範
　　　　疇、檢定級別、工作項目、技能種類、技能標準及相關知識等事
　　　　項，並作為學、術科測試試題命製之依據與範圍。

第二章　職類開發

第3條　中央主管機關應參酌國家經濟發展政策、配合產業發展趨勢與就
　　　　業市場需求，辦理技能檢定職類開發與調整。

　　　　前項技能檢定職類開發與調整，得委託有關機關（構）、團體辦
　　　　理。

第4條　有下列情形之一者，應優先辦理職類開發與調整：

　　　　一、依法令規定需僱用技術士者。

　　　　二、技術上與公共安全有關者。

第5條　有下列情形之一者，不予辦理職類開發：

　　　　一、應納入專門職業及技術人員考試者。

　　　　二、依法應由各目的事業主管機關辦理者。

　　　　三、知識與技術尚缺乏客觀評量標準者。

第6條　相關專業團體、機關（構）得向中央主管機關提出技能檢定職類開發與調整建議案。

前項建議案應包括開發職類名稱、開發理由、預期效益、就業市場人力供需狀況、職類工作範圍與主要工作項目等書面資料。

第三章　規範製訂

第7條　中央主管機關應訂定技能檢定規範，必要時得委託有關機關（構）、團體辦理。

中央主管機關訂定前項規範時，應會商相關目的事業主管機關、學校、訓練機關（構）、事業機構或團體。

第8條　中央主管機關應就符合下列條件之一者，遴聘六人至十人，研訂各職類技能檢定規範：

一、現任或曾任大學校院助理教授以上職務，並有相關科系五年以上教學經驗者。

二、大學校院以上畢業，並有十年以上相關職類教學經驗者。

三、大專以上畢業，現任或曾任政府機關（構）或依法領有登記證明文件之相關機構、團體技術部門或訓練部門主管職位五年以上或非主管職位八年以上者。

四、高中職以上畢業，具有現已辦理檢定相關職類最高級別技能檢定合格者，並在相關職類有現場實務經驗十年以上者或擔任相關職業訓練工作十年以上者。

五、中央主管機關或中央目的事業主管機關代表。

性質特殊職類之技能檢定規範得不受前項之限制。

第9條　中央主管機關遴聘前條人員，得請相關目的事業主管機關、學校、事業機構、職業訓練機關（構）及團體推薦；其經遴聘者，發給規範製訂人員聘書。

前項聘書效期，自聘任日起至當年十二月三十一日止。

第四章　試題命製與閱卷

第10條　技能檢定學科及術科試題，由中央主管機關自題庫或以集中命製方式產生。

術科測試試題屬公開性質者，依試題使用說明辦理。

第11條　辦理學科測試或術科測試採筆試非測驗題之測試，辦理單位應集中辦理閱卷。但學科測試以電腦線上方式測試者，辦理單位採電腦系統線上閱卷。

第12條　學科測試辦理單位採用資訊設備閱卷時，答案卡應以高感度及低感度各判讀一遍，再以最有利應檢人之分數定其成績。

第13條　採用資訊設備閱卷時，遇有未依規定作答之答案卡仍可讀卡時，依下列規定處理：

一、於答案卡註記規定以外之文字或符號，致無法讀入全部答者，以零分計算。

二、未依規定用筆作答，致無法正確讀入答案者，依讀入答案計分。

三、擦拭不清、劃記太淡或劃記太大者，依讀入答案計分。

四、單選題有二個以上答案者，該題不計分。

五、應檢人污損答案卡致無法正確讀入答案者，依讀入答案計分。

第14條　採用資訊設備閱卷時，遇有答案卡損壞無法讀卡時，依下列規定處理：

一、經查證屬應檢人自行損壞，導致資訊設備撕裂該卡無法讀入者，以零分計算。

二、經查證屬作業過程中誤損或由資訊設備產生損壞者，應由中央主管機關會學科測試辦理單位影印該答案卡複製，重新讀入或以人工計分直接輸入電腦。其影印本應註明原因並經共同簽章後，併同原答案卡由學科測試辦理單位封印存檔。

第15條　閱卷採人工閱卷時，分為初閱及複閱，初、複閱應由不同人員擔

任，並以複閱之評分爲該科目之成績。初、複閱分數有重大誤差時，應交由第三人重閱，並以重閱分數爲準。

前項閱卷及評分方式，試題另有規定者，從其規定。

第16條　人工閱卷時，遇有應檢人未依規定作答之答案卷，依下列規定處理：

一、未用規定作答符號作答或用鉛筆作答者，扣該科測試成績五分。

二、作答劃記位置錯誤，或單選題有二個以上答案之劃記者，該題不計分。

三、塗改答案之劃記模糊不清無法辨識者，該題不計分。

四、答案卷上註記不應有之文字、符號或標記者，該科測試成績以零分計算。

第五章　測試作業程序

第17條　技能檢定報名方式依該年度簡章辦理，報檢人報名後，不得請求撤回報名、退費、退還術科材料、變更報檢職類、級別、梯次或考區。

遇有天災、事變或其他重大事故，致不能辦理測試，辦理單位另擇期安排測試，報檢人不願參加測試時，得向中央主管機關申請退費。

報檢人遇天災、事變或遭受職業災害，不能參加測試時，得檢具天災、事變證明或經勞工保險局核定給付勞工保險職業傷害（病）給付證明向中央主管機關申請退費。

報檢人測試前死亡，其法定繼承人得向中央主管機關申請退費。

第18條　同一梯次之同一職類、級別及項目之技能檢定，不得重複報名或應檢。

第19條　技能檢定分學科測試及術科測試。

學科測試採筆試或電腦線上之測驗題方式，必要時得採其他方式

代替之。

學科測試成績採百分法計算，六十分為及格。

術科測試採實作方式為原則，不宜採實作方式者，得採下列方式辦理：

一、電腦測試。

二、模擬機具測試。

三、擬真系統測試。

四、筆試非測驗題方式。

五、其他配合科技發展、職類特性之方式。

前項術科測試成績採百分法或及格與不及格法評定之，採百分法者，以六十分為及格。

學科測試及術科測試及格標準，目的事業主管機關另有規定者，從其規定。

第20條　術科測試辦理單位，應將術科測試相關資料於測試十四日前通知報檢人。但術科測試試題另有規定者，從其規定。

第21條　技能檢定學、術科測試答案卷（卡）或評審表，於評定後應密封保管，並自寄發成績通知單之日起保存一年。但於保存期限內提出疑義者，保存五年。

丙級及單一級技能檢定報檢人員之報名表及證明文件應於受理報名日起保存一年。但於保存期限內提出疑義者，保存五年。

乙級及甲級技能檢定報檢人員之報名表及證明文件應於受理報名日起保存五年。

前三項資料由各學、術科測試辦理單位自行保管，保管起迄期限，並應列冊登記。中央主管機關必要時得調閱，並得請其延長保管期間。

第22條　凡參與或辦理技能檢定人員，知悉或持有下列事項，應保守秘密，不得徇私舞弊、洩漏或盜用：

一、學、術科測試試題。

二、術科測試評審標準及評審表。

三、學、術科測試試題之參考答案。

四、學、術科測試答案卷（含工件作品及評審表）。

五、成績有疑義之測試成績相關資料。

六、題庫命製、監場及監評人員之姓名及相關資料。

前項第一款至第三款經預先公開者，不在此限。

第23條　應檢人為學科採電腦線上測試或術科測試辦理單位之試務相關人員時，應檢人不得在原單位應檢。但術科測試辦理單位僅有一單位時，其監評人員應由術科測試辦理單位事先報請中央主管機關同意，指派非該辦理單位人員擔任監評及閱卷工作。

第六章　學科監場及術科監評

第24條　學、術科測試辦理單位應遴聘具有下列資格之一者，擔任學科測試及術科測試採筆試非測驗題方式之監場人員：

一、現任或曾任各機關（構）委任或相當委任以上之人員。

二、現任或曾任公私立學校教師及職員。

學科測試採電腦線上方式之監場人員，應具備前項資格或為辦理單位之大專校院以上畢業現職人員，且經中央主管機關訓練及測試合格者。

第25條　中央主管機關委任或委託之術科測試辦理單位，應遴聘具監評人員資格者擔任監評工作。

第26條　術科測試辦理單位依術科測試試題規定遴聘監評人員，並依下列規定辦理：

一、同一場次遴聘監評人員五人以下者，不得於同一單位遴聘超過一人。

二、同一場次遴聘監評人員六人以上者，不得於同一單位遴聘超過三分之一人員，且最多不得超過四人。

三、同一之單位、檢定類別、梯次、職類及級別，其術科測試之

監場及監評工作期間未滿五日者，不得連續遴聘同一人擔任超過二日；達五日以上者，不得連續遴聘同一人員擔任二分之一以上日數。

四、同一人員於同一月擔任同一職類監場及監評工作，累計日數不得超過十五日。

五、不得聘請在辦理單位專任、兼任之授課人員及協同教學業界專家，擔任該單位之學員或學生術科測試之監場、監評工作。

測試當日監評人員因突發事故無法全部到齊，或具監評資格人數不足之職類及級別，得不受前項限制。

第27條 監評人員有下列情形之一者，應迴避該試場之監評工作：

一、應檢人為其配偶、前配偶、四親等內之血親、三親等內之姻親。

二、現任或自報名梯次首日前二年內曾任應檢人之授課人員。

三、現任應檢人機關（構）、團體、學校或事業機構之首長（負責人）或直屬長官。

四、應檢學員或學生之現任術科測試辦理單位專任、兼任之授課人員及協同教學業界專家。

五、其他有具體事實足認其執行職務有偏頗之虞。

監場人員有前項第一款情形者，應迴避該試場之監場工作。

監場或監評人員有前二項所定應自行迴避而未迴避之情形時，學、術科測試辦理單位應命其迴避。

第27-1條 監場人員在試場及試場附近，發現應檢人有意圖滋事、妨礙試場安寧、擾亂檢定秩序或違規情事者，應立即告知及制止，並依第三十五條至第三十六條之一規定處理。

應檢人有前項所定情事，經勸導不聽者，監場人員應報請測試辦理單位處理；其情節重大者，應由測試辦理單位報請轄區警察機關處理。

第28條　監場或監評人員對應檢人於測試時提出試題有錯誤、遺漏等情事，致無法確切辨別題意時，應立即聯繫學、術科測試辦理單位查證處理，不得自行更正。

第29條　學科測試及術科測試採筆試非測驗題方式之監場人員有下列情形之一者，學、術科測試辦理單位得即時解除職務，並應通知中央主管機關及其服務單位：

一、無故遲到十五分鐘或無正當理由缺席監場前講習。

二、未能有效維持試場秩序。

三、遺失試題、答案卷（卡）等文件。

四、執行監場工作態度欠佳，與應檢人發生糾紛。

五、未依第二十七條規定迴避。

六、其他重大疏忽影響應檢人權益及測試事宜。

監場人員有前項情事，學術科辦理單位得視其情節不再遴聘。

第30條　監評人員有下列情形之一，經查證屬實者，應停止遴聘其擔任監評工作二年：

一、不能前往擔任監評工作，未於術科測試前向術科測試辦理單位請假。

二、未有效維護試場秩序，致術科測試無法進行。

三、未充分熟悉術科測試試題內容及評審標準，致不能勝任監評工作。

四、無正當理由拒絕擔任指定術科測試場地監評工作。

五、遺失全份或部分試題、答案卷（卡）、工件或評審表等文件。

六、擅自對外宣告測試成績。

七、報名參加其所擔任監評職類技能檢定術科測試，並受聘擔任當梯次該職類任一場次監評工作。

八、其他影響應檢人權益或測試事項之重大情形。

第30-1條　監評人員有下列情形之一，經查證屬實者，應停止遴聘其擔任

監評工作六個月：

一、無正當理由缺席監評前協調會。

二、術科測試時，因疏忽未當場發現應檢人舞弊。

三、術科測試時，離開監評崗位或從事其他與監評無關工作。

四、術科測試時，向應檢人作與測試內涵有關之技能性提示。

五、術科測試時，與應檢人交談非關監評事項。

六、術科測試時，未將其通訊器材關閉。

七、對應檢人評審表扣分項目，未詳實記錄扣分原因。

八、測試成績核算錯誤。

九、未參加監評人員違失講習。

十、其他影響應檢人權益或測試事項之情形。

第31條　術科測試辦理單位應於每場次術科測試時，填寫監評人員執行監評工作考核紀錄。

前項監評人員執行監評工作考核紀錄，經記錄有前條或技術士技能檢定發證辦法第三十九條所列情事之一者，應將該考核紀錄送請中央主管機關處理。

第32條　學、術科測試監場或監評人員於執行監場或監評工作時，對防止或發現應檢人舞弊，有具體事實者，得由學、術科測試辦理單位給予適當獎勵或函請其服務單位獎勵之。

第七章　學術科測試試場須知

第33條　學科測試應檢人應於預備鈴響時，依准考證號碼就坐。測試時間開始後十五分鐘尚未入場者，不准入場，測試時間開始後四十五分鐘內，不准出場。但學科測試以電腦線上方式實施測試者，不受測試時間開始後四十五分鐘內不准出場之限制。

第33-1條　持有身心障礙證明、教育主管機關核發之身心障礙證明或身心障礙鑑定結果函文者，於報名時得向學、術科測試辦理單位申請學、術科測試時間延長百分之二十。

第34條　學科測試應檢人應憑准考證及附有照片足資證明身分之國民身分
證、護照、全民健康保險卡、駕駛執照、符合申請檢定資格之居
留證或入出境許可證之身分證明文件入場。

應檢人入場就坐後，應將准考證及前項所定身分證明文件置於桌
面左前角或監場人員指示位置，以備核對；並自行核對答案卷浮
籤（或答案卡）姓名、准考證號碼、職類、級別及試題等資料，
發現資料不符或彌封角未彌封妥當，應即告知監場人員處理。

學科測試應檢人進入試場，應依下列規定辦理：

一、應自備文具用品應檢，且測試期間不得向他人借用文具用
品。

二、除測試使用之文具物品外，應依監場人員指示放置。

三、禁止隨身攜帶行動電話、穿戴式裝置或其他具資訊傳輸、感
應、拍攝、記錄功能之器材及設備進入試場應檢。

第34-1條　同一梯次報檢二個以上職類級別或項目，致類科測試時間或試
場相同時，報檢人無法應檢之職類級別或項目列為缺考。

第35條　應檢人於學科測試前或學科測試進行中，有下列各款情事之一
者，取消其應檢資格，予以扣考，不得繼續應檢：

一、冒名頂替。

二、持用偽造或變造之應檢證件。

應檢人於學科測試前或學科測試進行中，有下列各款情事之一
者，予以扣考，不得繼續應檢，其學科測試成績以零分計算：

一、互換座位或試題、答案卷（卡）。

二、在試場內使用行動電話、穿戴式裝置或其他具資訊傳輸、感
應、拍攝、記錄功能之器材及設備。

三、未遵守本規則，不接受監場人員勸導，擾亂試場內外秩序。

應檢人有前二項各款所定情事之一者，應於規定可離場之時間
後，始得離場。

學科測試進行中應檢人有下列各款情事之一者，其學科測試成績

以零分計算：

一、傳遞文稿、參考資料、書寫有關文字之物件或有關信號。

二、隨身夾帶書籍文件、參考資料、有關文字之物件或有關信號。

三、不繳交試題、答案卷（卡）。

四、使用非試題規定之工具。

五、窺視他人答案卷（卡）、故意讓人窺視其答案或相互交談。

六、在桌椅、文具、肢體、准考證或其他處所，書（抄）寫有關文字、符號。

七、使用未經中央主管機關公告之電子計算器，經監場人員告知而仍繼續使用。

八、向他人借用文具用品。

學科測試結束後，發現應檢人有第一項、第二項或前項各款所定情事之一者，其學科測試成績以零分計算。

第36條　學科測試應檢人有下列各款情事之一者，學科測試成績扣二十分：

一、測試完後，發現誤坐他人座位致誤用他人答案卷（卡）作答。

二、拆開或毀損答案卷彌封角、裁割答案卷（卡）用紙或污損答案卷（卡）。

三、撕去卷面浮籤、於答案卷（卡）上書寫姓名或其他文字、符號。

四、測試時間開始未滿四十五分鐘離場。

五、測試中將行動電話、穿戴式裝置或其他具資訊傳輸、感應、拍攝、記錄功能之器材及設備隨身攜帶、置於抽屜、桌椅或座位旁。

六、使用未經中央主管機關公告之電子計算器。

七、自備工具等物品，未依監場人員之指示辦理。

第36-1條　學科測試應檢人有下列各款情事之一者，學科測試成績扣十分：

一、測試開始鈴響前，即擅自翻閱試題內容、在答案卷（卡）上書寫。

二、測試時間結束後，仍繼續作答，或繳卷後未即離場。

三、測試進行中，發現誤坐他人座位致誤用他人答案卷（卡）作答，並即時更正。

四、自備稿紙進場。

五、離場後，未經監場人員許可，再進入試場。

六、在測試場地吸菸、嚼食口香糖、檳榔或飲用含酒精之飲料。

七、每節測試時間結束前將試題或答案抄寫夾帶離場。

第37條　學科測試應檢人繳卷時，應將答案卷（卡）及試題一併繳交監場人員，始得出場，出場後，不得再進場。

第38條　術科測試時，應檢人應按時進場，測試時間開始後逾十五分鐘尚未進場者，不准進場應檢；以分節或分站方式為之者，除第一節（站）之應檢人外，應準時進場，逾時不准入場應檢。但術科試題上另有規定者，從其規定。

術科測試採筆試非測驗題方式之應檢人準用第三十三條至前條規定。但筆試採人工閱卷者，依第十六條規定辦理。

第39條　術科測試應檢人進入術科測試試場時，應出示准考證、術科測試通知單、身分證明文件及自備工具接受監評人員檢查，未規定之器材、配件、圖說、行動電話、穿戴式裝置或其他具資訊傳輸、感應、拍攝、記錄功能之器材及設備等，不得隨身攜帶進場。

依規定須穿著制服之職類，未依規定穿著者，不得進場應試，其術科成績以不及格論。

第40條　術科測試時，應檢人應按其檢定位置號碼就檢定崗位，並應將准考證、術科測試通知單及身分證明文件置於指定位置，以備核

對。

應檢人對術科測試辦理單位提供之機具設備、工具或材料等有疑義者，應即時提出，測試開始後，不得再提出疑義。

依前項提出疑義者，監評人員應立即處理。

第41條 術科測試應檢人應遵守監評人員現場講解之規定事項。

監評人員在試場及試場附近，發現應檢人有意圖滋事、妨礙試場安寧、擾亂檢定秩序或違規情事者，應立即告知及制止，並依第四十八條規定處理。

應檢人有前項所定情事，經勸導不聽者，監評人員應報請術科測試辦理單位處理；其情節重大者，應由術科測試辦理單位報請轄區警察機關處理。

第42條 術科測試時間之開始與停止，由測試辦理單位或監評人員依試題規定辦理，應檢人不得自行提前或延後。

第43條 術科測試應檢人操作機具設備應注意安全。

第44條 術科測試之機具設備因應檢人操作疏失致故障者，應檢人須自行排除，不另加給測試時間。

第45條 術科測試應檢人應妥善操作機具設備，有故意損壞者，應負賠償責任。

第46條 術科測試應檢人於測試期間之休息時段，其自備工具及工件之處置，悉依監評人員之指示辦理。

第47條 應檢人於術科測試結束後，應將成品、工件、未用完之測試材料等繳交監評人員。中途離場者亦同。繳件出場後，不得再進場。

第48條 應檢人於術科測試前或術科測試進行中，有下列各款情事之一者，取消其應檢資格，予以扣考，不得繼續應檢：

一、冒名頂替。

二、持用偽造或變造之應檢證件。

應檢人於術科測試前或術科測試進行中，有下列各款情事之一者，予以扣考，不得繼續應檢，其術科測試成績以不及格論：

一、傳遞資料或信號。

二、協助他人或託他人代為測試。

三、互換工件或圖說。

四、隨身攜帶成品或試題規定以外之工具、器材、配件、圖說、
　　行動電話、穿戴式裝置或其他具資訊傳輸、感應、拍攝、記
　　錄功能之器材及設備或其他與測試無關之物品等。

五、故意損壞機具、設備。

六、未遵守本規則，不接受監評人員勸導，擾亂試場內外秩序。

術科測試應檢人有下列各款情事之一者，其術科測試成績以不及
格論：

一、不繳交工件、圖說或依規定須繳回之試題。

二、自備工具、工件及相關物品之處置，未依監評人員之指示辦
　　理。

三、違反第二十三條規定。

四、明知監評人員未依第二十七條規定迴避而繼續應檢。

術科測試結束後，發現應檢人有第一項或第二項各款所定情事之
一者，其術科測試成績以不及格論。

術科測試有分節或分站方式，經第一項或第二項規定予以扣考
者，不得再參加各分節或分站測試，其術科測試成績以不及格
論。

第八章　試題疑義與成績複查之處理

第49條　應檢人對學科測試採筆試測驗題方式之試題或答案，或術科測試
　　　　採筆試非測驗題方式之試題，有疑義者，應於測試完畢之翌日起
　　　　七日內，以書面載明下列事項，向主管機關或學、術科測試辦理
　　　　單位提出：

一、姓名、准考證號碼、地址及聯絡電話。

二、測試職類、級別、梯次及題次。

三、試題或答案有不當或錯誤之處，應敘明理由並檢送相關資料。

應檢人提出疑義之截止日期以郵戳爲憑，逾期不予受理。

應檢人提出疑義，同一試題以提出一次爲限。

第49-1條　學科測試採電腦線上方式實施者，測試後不公開測試試題及答案。

術科測試採筆試非測驗題方式者，測試後不公開測試參考答案。

第50條　中央主管機關或學、術科測試辦理單位處理前條疑義應依下列程序辦理：

一、涉及試題實質內容者，中央主管機關應將應檢人所提疑義資料、試題及答案，送請原題庫命製人員於七日內表示意見，必要時得邀請其他專家研商處理意見，據以評閱答案卷並復知應檢人。

二、未涉及試題實質內容者，由中央主管機關或學、術科測試辦理單位逕行處理。

前項第一款之題庫命製人員，因故無法處理時，得另請其他題庫命製人員代爲處理。

第51條　學科測試試題或答案經查明有錯誤或瑕疵時，依下列規定處理：

一、試題錯誤致無正確答案，該題一律給分。

二、試題雖有瑕疵仍有正確答案或發佈之答案錯誤者，依修正之答案重新評閱。

第52條　術科測試採筆試非測驗題方式之試題經查明有錯誤或瑕疵時，依下列規定處理：

一、試題或其子題錯誤致無法作答時，該題或該子題不予計分，將其所占分數調配至該科目其他各題或該題之其他子題。

二、試題雖有瑕疵仍可作答時，依修正之評閱標準評閱。

第53條　應檢人於術科測試進行中，對術科測試採實作、電腦測試、模擬

機具測試、擬真系統測試或其他配合科技發展、職類特性方式之
試題及試場環境有疑義者，應即時當場提出，由監評人員予以記
錄，未即時當場提出並經作成紀錄者，事後不予處理。

前項試題疑義依第五十條規定處理。

第54條　應檢人對於學、術科測試成績有異議者，得於成績單送達之日起
十日內，以書面向中央主管機關或學、術科測試辦理單位申請成
績複查，逾期不受理。

應檢人不得要求重新評閱、申請閱覽或複製答案卷（卡）及評審
表、提供各細項分數或術科測試試題之參考答案。亦不得要求告
知題庫命製人員、監評人員之姓名或有關資料。

第一項學、術科測試成績複查，各以一次為限。

第55條　中央主管機關或學、術科測試辦理單位對應檢人之成績複查依下
列方式處理：

一、學科測試應調出申請人答案卡，核對申請人准考證號碼無
訛，檢查作答方式是否符合規定，並以資訊設備高低感度各
重讀一次，確認分數計算與登記無誤。

二、學科測試以電腦線上方式實施者，應調出申請人電腦試卷
（含作答結果），核對申請人學科測試編號無訛，檢查並確
認分數計算與登記無誤。

三、術科測試應將申請人之答案卷或評審表全部調出，詳細核對
准考證號碼，再查對申請複查之成績，並確認各項計算加總
與登記無誤。

中央主管機關或學、術科測試辦理單位，應將前項複查結果及各
職類評分方式函復申請人。原答案卷（卡）（影印本亦同）不得
寄給申請人。如因申請人作答方法或使用工具不符規定，以致不
能正確計分時，應將其原因復知申請人。

第56條　申請成績複查者，不得有第五十四條第二項之行為。

第九章　偶發事件之處理

第57條　有下列情形之一者，應由測試辦理單位負責人或監評人員按所遲誤之時間，補足測試時間：

一、因試務工作疏失，致遲誤應檢人作答時間。

二、試場分配或其他事項錯誤，致遲誤應檢人於規定時間抵達試場。

三、學、術科測試場地、設備等設置不當，經決定另遷移至適當場所繼續測試。

四、術科測試進行中遇有偶發事件，經決定暫時中止測試。

前項情形有可歸責於應檢人個人因素者，不予補足測試時間。

第58條　未依規定結束測試時間而提前收卷時，應按提前之時間占測試時間之比例加分。但經確認收卷前即已交卷者，不予加分。

第59條　遇有停電、颱風、地震、空襲、水災、火災、闈場漏裝試題、試題遺失或其他重大事故，致不能進行學、術科測試時，依下列規定處理：

一、於測試舉行前發生者，應由學、術科測試辦理單位報請中央主管機關決定。如該測試另行擇期舉行時，應由該單位公告測試延期，並通知應檢人。

二、於測試進行中發生者，測試辦理單位負責人審視應中止測試時，應立即通知監場（監評）人員收回全部答案卷（卡）或工件，其學科測試或術科測試採筆試非測驗方式之時間不足二分之一者，依前款規定，另行擇期舉行；已超過二分之一者，不再另行擇期舉行，其應檢人成績計算，依前條規定辦理。

三、前款情形於術科測試時，由測試辦理單位處理。

四、術科測試須另行擇日辦理時，依術科測試試題所定遴聘之監評人員，不受第二十六條第一項第一款至第四款限制。

第60條　因前條情形致不能進行學術科測試，需另行擇期舉行測試時，應

重新命題。但經中央主管機關確認無洩題之虞時，得採用原試題。

第61條　試務工作人員因疏失致應檢人答案卷（卡）裁割或污損時，應於試場紀錄表註記。

第62條　應檢人已作答之答案卷（卡），於測試後登錄成績前遺失或毀損，致無法計算成績者，應由測試辦理單位擬具處理意見報中央主管機關核定。

第62-1條　學科或術科測試發生本規則未定其處理方式之偶發事件，由中央主管機關決定之。

第十章　附則

第63條　本規則所訂之各項書表格式，由中央主管機關定之。

第64條　本規則自發布日施行。

本規則中華民國一百零八年八月二十七日修正發布之條文，自一百零九年一月一日施行。

附錄三 強化高職教師實務教學能力實施計畫

　　藉由推動「全國高級中等學校職業類科教師赴公民營機構研習」、「各類科教師研習」、「校內教師研習」及「高中職適性學習社區教育資源均質化實施方案」，並據以辦理各項研習活動，而提升教師教學品質。

一、作法

（一）強化現任高職教師實務教學能力，擴大辦理高職教師寒假及暑期赴公民營機構研習，採主動性規劃，結合各群科課程中心研提相關以各群科核心能力之研習課程，並經審查通過後作為研習主題。

（二）鼓勵高職教師帶職帶薪赴公民營機構研習服務，研擬參與教師之服務年資、帶職帶薪、所遺課務加教師之授課鐘點費、教師服務之公民營機構需以資源共享方式提供服務教師任職之學校師生教學實習之協助，教師返校服務應盡之義務。

（三）各類科教師研習：依職業類科分為工業類、商業類、農業類、家事類、海事水產類、資訊類及英文科及一般科目等共計8大類科，分區辦理教師研習活動，擬逐年辦理40餘場次，計達500餘小時之研習活動。針對新課綱理論與實務需求，調整研習主題，辦理新課程內容加廣、加深之相關研習。依各校屬性鼓勵高職教師參與研習，並延聘業界師資，以拉近實務現況。

（四）擴大辦理校內教師研習：鼓勵由學校依學校本位及特色提出需求，辦理校內教師研習活動，加入學習社群概念，提供該校及鄰近學校教師進修機會。擬逐年提供百餘所學校辦理研習之經費。研習主題包括：(1)校訂科目課程教材選編及教法；(2)群科課程規劃實務；(3)本土史地、文化之認識（如：母語教學、認識海洋文化等）；(4)創造力教學、問題解決能力教學融入各科教學；(5)教師情緒管理（如：小團體輔導）；(6)e化與資訊融入教學；(7)教師教學檔

案；(8)教師專業成長與評鑑；(9)其他（學校配合教育部政策實際需要之主題）。

（五）透過「高中職適性學習社區教育資源均質化實施方案」之實施，學校提出下列有關社區特色教學創新計畫，藉以提升教師教學品質：

1. 高中職合作辦理特色課程及相關教材之研發。

2. 高中職合作辦理特色教學相關創意教學活動。

3. 高中職合作辦理特色教學之網際網路學習活動。

4. 高中職合作辦理適性輔導活動。

5. 高中職與國中合作辦理課程發展與教學創新之特色計畫。

6. 其他有助於社區特色發展之計畫項目。

二、預期目標

（一）擴大辦理高職教師寒假及暑期赴公民營機構研習，參加研習教師錄取人數自2009年起逐年成長20%。

（二）鼓勵高職教師帶職帶薪赴公民營機構研習服務，規劃研究案，預計三年內研議完成相關規定及配套措施。

（三）持續辦理各項教師研習活動，提供教師成長之需求。

（四）加強教師教學品質，吸引社區國中畢業生就近入學，提升社區學生就近入學情形：社區國中畢業生就近入學比例逐年提升1%（就近入學率）。

附錄四　職業技術士證照統計表

各職群應檢合格人數統計如下表：

時間	總計	金屬及機械加工類群	機械及設備修護類群	銲接配管類群	電機類群	資訊類群	化工群	食品加工類群	餐飲服務類群	農業類群
105年	391,642	19,472	16,506	6,019	18,302	60,202	5,124	37,651	59,719	3,738
105年9月	34,708	3,365	1,107	728	2,719	2,547	1,241	4,141	4,177	737
105年10月	18,092	348	502	653	1,211	2,474	186	2,041	2,945	50
105年11月	36,024	1,303	979	1,115	1,375	8,330	135	3,684	4,689	48
105年12月	8,025	300	105	162	345	945	1	237	472	14
106年1月	4,114	241	126	17	142	324	388	380	269	—
106年2月	15,153	1,494	544	87	810	2,891	537	882	1,230	—
106年3月	39,786	2,678	1,151	443	2,605	5,043	406	3,740	4,911	36
106年4月	23,133	429	1,405	377	782	3,780	29	2,377	3,870	12
106年5月	24,016	787	1,293	449	1,071	3,765	46	2,641	4,236	56
106年6月	51,488	2,224	2,218	725	2,137	10,615	354	4,335	10,296	728
106年7月	48,173	962	1,486	1,158	1,361	4,907	474	5,314	9,066	431
106年8月	85,489	6,353	4,213	568	5,250	9,551	1,268	8,154	14,897	1,202
106年9月	43,501	3,917	1,700	489	3,891	4,370	1,438	4,242	6,140	746

時間	美容美髮類群	商業服務類群	職業安全衛生操作類群	職業安全衛生管理類群	電子儀表類群	營造類群	服飾類群	印刷製版類群	消防設備類群	其他
105年	27,054	38,301	38,186	2,187	16,068	13,419	1,819	13,227	—	14,648
105年9月	5,961	487	3,148	—	881	1,505	183	482	—	1,299
105年10月	622	451	4,655	—	375	313	—	88	—	1,178
105年11月	502	2,024	5,706	916	2,195	392	211	492	—	1,928
105年12月	2,520	69	1,724	1	91	912	—	35	—	92
106年1月	1,205	1	133	—	137	93	108	375	—	175
106年2月	777	1,354	901	—	1,240	999	61	1,066	—	280
106年3月	1,083	1,832	6,101	—	1,907	1,280	285	4,189	—	2,096
106年4月	421	2,382	2,327	771	1,250	1,535	59	269	—	1,058
106年5月	3,678	173	3,515	—	869	766	6	41	—	624
106年6月	2,047	7,033	3,936	—	1,889	996	65	25	—	1,865
106年7月	1,257	11,709	4,438	—	1,020	770	118	1,348	—	2,354
106年8月	6,080	9,207	4,339	739	3,436	3,634	281	3,486	—	2,831
106年9月	6,032	147	4,915	—	1,527	1,485	188	843	—	1,431

（資料來源：勞動署技檢中心）

參 考 書 目

王誕生、林詹田（2014）。美國技職教育的發展及啟示。**教育資料集刊**，第55輯，2012.8。

中國證照網（2017）。**中國大陸職業資格證照**。2017.11.15來自http://chinacertification.blogspot.tw/p/chinese-certification.html

田振榮、李懿芳、張嘉育（2017）。**技術型高級中等學校課程綱要——技術型高中群科課程修訂**。臺北市：臺灣師範大學。

白景文、李大偉、林韶姿（2012）。澳門中等技職教育之發展——從殖民到回歸。**教育資料集刊**，第55輯，2012.8。

江文鉅、張美瑤（2012）。德國高等技職教育新貌。**教育資料集刊**，第55輯，2012.8。

行政院勞委會（2012）。行政院勞委會職訓局國家訓練品質計畫——「國家人力資本開發體系之探討：英國的職業教育與訓練。

李隆盛、賴春金（2007）。技職教育現況及其未來發展。**國家菁英季刊**，3(1)，（2007.03）。http://pics12.blog.yam.com/12/attachfile/4/3/1/1349773/1/148940c371a1e5.pdf

李隆盛、李信達、陳淑貞（2010）。技職教育證照制度的回顧與展望。**教育資料與研究雙月刊**，第93期，2010年4月，31-52頁。

吳志巨（2000）。**教育行政學**。人民教育出版社。

吳清山（2003）。師資培育法——過去、現在與未來。**教育研究月刊**，105期，頁27-43。

吳榕峰（2012）。英國職業教育與職業訓練的發展現況。**教育資料集刊**，第51輯，2012.2。

林幸台（1987）。**生計輔導的理論與實施**。臺北：五南。

林俊彥、王姿涵（2011）。美國與臺灣技職教育制度比較。**教育資料集刊**，51，51-68。

林慧瑜（1994）。**國小教師生涯發展階段與教師關注之研究**。文化大學中小

學術研究所博士論文。

洪詠善（2013）。**藝術為本的教師專業發展**。國家教育研究院。

施信華（2017）。**教育行政學講義**。https://shihthink.files.wordpress.
com/2013/03/ch4e69599e882b2e8a18ce694bfe588b6e5baa6e88887e7b584e
7b994.pdf

郭昭佑（2000）。**學校本位評鑑**。臺北：五南。

陳聰勝（1997）。**各國職業訓練制度**。臺北：五南。

許良明（1999）。教育實習制度的新建構**技術及職業教育雙月刊**，53期。

張仁家、曾羿儒（2014）。瑞士職業教育之學徒制對臺灣教育改革之蘊義。
教育資料集刊，第63輯。

張添洲（1991）。理論與實務兼備：輪調式建教合作教育。**技術及職業教育
雙月刊**，4期。

張添洲（1993）。**生涯發展與規劃**。臺北：五南。

張添洲（2000）。**技術職業教育發展**。臺北：五南。

張添洲（2007）。**教育導論**。臺北：五南。

張添洲（2008）。兩岸職業教育交流與合作現狀及前瞻。2008兩岸百名中小
學校長論壇論文集。

張添洲（2009）。技職教育職場專業能力的培養。行政院勞委會泰山職訓中
心：訓練與研發，5，頁98-102。

張添洲（2017）。**臺灣產學攜手探討**。2017海峽兩岸暨香港職業教育論壇
集。上海中華職業教育社印行。

張曉峰（2012）。中國大陸職業教育政策的變遷與發展。**教育資料集刊**，第
55輯，2012.8。

教育部（2008）。**教師教學品質提升方案**。教育部。

教育部（2010）。**培育優質人力促進就業計畫**。教育部。

教育部（2011）。**職業學校群科課程綱要宣導手冊**。

教育部（2012）。**發展典範科技大學計畫**。創造力教育白皮書。教育部。

教育部（2013）。**中華民國技術及職業教育簡介**。教育部。

教育部（2014a）。**十二年國民基本教育方案**。教育部。

教育部（2014b）。**教育部技職再造計畫**。教育部。

教育部（2015）。**修正師資培育法**。教育部。

教育部（2016）。**教育部人才培育白皮書**。教育部。

教育部（2017）。**技職教育政策綱領**。教育部技職司網站。

勞動部勞動力發展署（2017）。**技能檢定中心網頁**。

黃同圳（2009）。改善證照制度，提升臺灣競爭力。**訓練與研發**，5，24-29。

黃昆輝、張德銳（2000）。教育行政。載於國立編譯館（主編），**教育大辭書（六）**（頁954-955）。臺北市：文景。

溫玲玉（2017）。**臺灣商業職業教育創新課程規劃之探討**。2017海峽兩岸暨香港職業教育論壇集。上海中華職業教育社印行。

梅瑤芳（2001）。**知識經濟時代我國技職教育評鑑的發展策略**。教育部技職司。

楊朝祥（1985）。**技術職業教育理論與實務**。臺北市：三民。

楊朝祥（2002）。師資培育是教育成功的基石。**國政分析**，11月18日。財團法人國家政策研究基金會。

楊朝祥（2007）。**中美技職教育發展之比較與展望**（國政研究報告094-002）。臺北：財團法人國家政策研究基金會。

楊朝祥（2010a）。美國技職教育發展的沿革、現況與展望。**教育資料集刊**，47，135-164。

楊朝祥（2010b）。中美技職教育發展之比較與展望。**國家菁英季刊**，3(1)。

謝文全（2002）。**教育行政——理論與實務**。臺北：文景。

蕭錫錡（2009）。從學校觀點談推廣證照的規劃與發展。**訓練與研發**，5，50-57。

國家圖書館出版品預行編目資料

職業教育與訓練／張添洲編著. -- 二版. --
　臺北市：五南，2020.06
　　面；　公分.
　ISBN 978-986-522-032-7（平裝）

1.技職教育 2.職業訓練

528.8　　　　　　　　　　109007212

1I1P

職業教育與訓練

編 著 者 ─ 張添洲（210）

發 行 人 ─ 楊榮川

總 經 理 ─ 楊士清

總 編 輯 ─ 楊秀麗

副總編輯 ─ 黃文瓊

責任編輯 ─ 李敏華

封面設計 ─ 姚孝慈

出 版 者 ─ 五南圖書出版股份有限公司

地　　址：106台北市大安區和平東路二段339號4樓

電　　話：(02)2705-5066　　傳　　真：(02)2706-6100

網　　址：http://www.wunan.com.tw

電子郵件：wunan@wunan.com.tw

劃撥帳號：01068953

戶　　名：五南圖書出版股份有限公司

法律顧問　林勝安律師事務所　林勝安律師

出版日期　2018年3月初版一刷
　　　　　2020年6月二版一刷

定　　價　新臺幣300元

經典永恆·名著常在

五十週年的獻禮——經典名著文庫

五南，五十年了，半個世紀，人生旅程的一大半，走過來了。

思索著，邁向百年的未來歷程，能為知識界、文化學術界作些什麼？

在速食文化的生態下，有什麼值得讓人雋永品味的？

歷代經典·當今名著，經過時間的洗禮，千錘百鍊，流傳至今，光芒耀人；

不僅使我們能領悟前人的智慧，同時也增深加廣我們思考的深度與視野。

我們決心投入巨資，有計畫的系統梳選，成立「經典名著文庫」，

希望收入古今中外思想性的、充滿睿智與獨見的經典、名著。

這是一項理想性的、永續性的巨大出版工程。

不在意讀者的眾寡，只考慮它的學術價值，力求完整展現先哲思想的軌跡；

為知識界開啟一片智慧之窗，營造一座百花綻放的世界文明公園，

任君遨遊、取菁吸蜜、嘉惠學子！